Ines Emptmeyer
7 Wochen mit großartigen Kleinigkeiten
Reich beschenkt durch die Fastenzeit

INES EMPTMEYER

7 WOCHEN MIT GROSSARTIGEN KLEINIGKEITEN

**REICH
BESCHENKT
DURCH DIE
FASTENZEIT**

Dieses Buch wurde auf FSC®-zertifiziertem Papier gedruckt. FSC (Forest Stewardship Council®) ist eine nichtstaatliche, gemeinnützige Organisation, die sich für eine ökologische und sozial verantwortliche Nutzung der Wälder unserer Erde einsetzt.

Soweit nicht anders angegeben, sind alle verwendeten Bibelstellen der Übersetzung Hoffnung für alle®, Copyright © 1983, 1996, 2002 by Biblica, Inc.® entnommen. Verwendet mit freundlicher Genehmigung des Herausgebers fontis – Brunnen Basel. Alle weiteren Rechte weltweit vorbehalten.

Weiter wurden verwendet:
Gute Nachricht Bibel, revidierte Fassung, durchgesehene Ausgabe,
© 2000 Deutsche Bibelgesellschaft, Stuttgart. (GNB)
Lutherbibel, revidierter Text 1984, durchgesehene Ausgabe,
© 1999 Deutsche Bibelgesellschaft, Stuttgart. (LUT)

Bibliografische Information der Deutschen Nationalbibliothek

Die Deutsche Nationalbibliothek verzeichnet diese Publikation in der Deutschen Nationalbibliografie; detaillierte bibliografische Daten sind im Internet über http://dnb.d-nb.de abrufbar.

© 2015 Neukirchener Verlagsgesellschaft mbH, Neukirchen-Vluyn
Alle Rechte vorbehalten
Umschlaggestaltung: Grafikbüro Sonnhüter, www.sonnhueter.com
unter Verwendung eines Bildes von artiis (shutterstock.com)
Fotos: Saskia Wiggering und Ralf Schobert;
Irtsya, Apostrophe, Aleksandar Mijatovic, Maglara, IrenD, valzan,
Aleksandrs Bondars, Gencho Petkov, Fine Art Studio (shutterstock.com)
Lektorat: Nadine Weihe, Hille
DTP: Grafikbüro Sonnhüter, www.sonnhueter.com
Verwendete Schriften: Sabon, Brandon, Festivo
Gesamtherstellung: FINIDR, s.r.o.
Printed in Czech Republic
ISBN 978-3-7615-6211-6

www.neukirchener-verlage.de

INHALT

ÜBER DIE NÄCHSTEN 7 WOCHEN SOLLTEST DU WISSEN ...

9

WOCHE 1: MIT DETAILBLICK ... WEIL'S SO SCHÖN IST!

Aschermittwoch: Eine dankbare Haltung	14
Donnerstag: Auf in die Natur!	16
Freitag: Danke für das Essen!	16
Samstag: Schöner wohnen	17
Sonntag: Ich danke euch, Leute!	18
Montag: Arbeit und Geld sind nichts Selbstverständliches	19
Dienstag: Lebe den Moment!	20

WOCHE 2: MIT OPTIMISMUS ... WEIL'S DIE SEELE UMDREHT!

Mittwoch: Das Glas ist halb voll, nicht halb leer	22
Donnerstag: „Seid dankbar in allen Dingen!"	26
Freitag: Frisch, fromm, fröhlich, frei	27
Samstag: „Sei fröhlich, frech und wunderbar!"	28
Sonntag: „Nach oben und nach vorne schauen!"	31
Montag: Vergleichen ist der Tod im Topf	33
Dienstag: Morgen sieht die Welt wieder anders aus!	35

WOCHE 3: MIT ERMUTIGUNG ... WEIL'S SO GUTTUT!

Mittwoch: Lass dich von Gott ermutigen!	40
Donnerstag: Deine Worte können andere ermutigen	42
Freitag: Schreib mal wieder ...	44
Samstag: Taten sprechen lassen	46
Sonntag: Geschenke, Geschenke!	49
Montag: Ermutigung durch Unterstützung	51
Dienstag: Gemeinsam andere ermutigen	53

WOCHE 4: MIT LECKEREIEN ... WEIL'S SO EIN GESCHENK IST!

Mittwoch: Konsumverhalten – neu durchdacht	56
Donnerstag: Back doch mal – ein Brot oder Brötchen	58
Freitag: Marmelade – selbst gekocht!	61
Samstag: Genieße die Osterzeit mit Plätzchen oder Muffins!	63
Sonntag: Freue dich – über selbst gemachte Pizza	65
Montag: Ein Tag mit Suppe, frisch püriert!	67
Dienstag: Genießen mit Kuchen, Torte oder Waffeln	69

WOCHE 5: MIT HERZENSLUST ... WEIL'S GOTT ENTSPRICHT!

Mittwoch: Genuss mit Herzenslust	74
Donnerstag: Ab ins Kino!	76
Freitag: Mit Herzenslust tanzen	77
Samstag: Lach dich frei!	80

Sonntag: Hast du ein Hobby?	81
Montag: Mit Herzenslust trinken und essen	84
Dienstag: Muße tut gut	85

WOCHE 6: MIT KINDERAUGEN DIE WELT BETRACHTEN ... WEIL'S OFT GENUG ZU ERNST IST!

Mittwoch: Einfach sein	88
Donnerstag: Alles beobachten	90
Freitag: Spiel mit mir!	92
Samstag: Was Kinder eben so machen – in der Nase bohren, rülpsen und pupsen	93
Palmsonntag (Start der Passionszeit): Lass die Stinkesocken Stinkesocken sein!	94
Montag: Wie spontan bist du?	96
Dienstag: Kakao mit viel Kakaopulver	98

WOCHE 7: MIT QUERDENKEN ... WEIL'S „EINFACH" NICHT SO SPANNEND IST!

Mittwoch: Denk anders als der Mainstream!	102
Gründonnerstag: Quer-leben	103
Karfreitag: Durch Schweigen erinnern	105
Ostersamstag: In guten wie in schlechten Zeiten	110
Ostersonntag: Lebenseinstellungen mit Langzeitwirkung	114

QUELLENVERZEICHNIS

116

ÜBER DIE NÄCHSTEN 7 WOCHEN SOLLTEST DU WISSEN ...

WEIHNACHTEN WOHLIG, OSTERN MULMIG?!

Vor Weihnachten gibt es eine „Vorbereitungs-Vorfreude-Erwartungs-Zeit", die gefüllt ist mit allem, was bunt und schillernd ist: Leckereien, Dekoration, Weihnachtsmärkte, Kerzen, Lichter, Musik und vielem mehr. Der Adventskalender unterstützt das Warten auf das große Fest. Die Vorfreude steigt mit jedem Türchen. Die Erwartungen an den Adventskalender steigen auch von Jahr zu Jahr und von Generation zu Generation. Kreativ muss er sein! Gut gefüllt – mit sinnvollen Sachen und nicht nur Schokolade. Für Kinder, Paare, Freundinnen, Kollegen und andere Konstellationen. Und die innerliche Vorbereitung? Immer wieder versuchen wir, es weihnachtlich-besinnlich werden zu lassen. Ruhig und gemütlich soll es sein! Wir wollen bewusst Advent feiern. Jesus ankommen lassen im Herzen, im Alltag, in all dem, was unsere Vorweihnachtszeit prägt. Wir kämpfen gegen das schlechte Gewissen an, es wieder nicht geschafft zu haben: wieder zu viele Termine, zu viele Menschen, zu viele Geschenke, Ideen, Veranstaltungen usw. Wieder kommt das sogenannte „Weihnachtsgefühl" nicht auf ...

Und wie ist das mit der Fastenzeit? Oft ist sie geprägt von schlechtem Gewissen, ungutem Gefühlen, innerer Verkorksheit statt innerer Freiheit und Freude – das ist doch irgendwie nicht Jesus-like! Und auch Ostern erinnert so sehr an diese Gefühle. Das Kreuz wird mit Sünde,

Beichte, schlechtem Gewissen in Verbindung gebracht, die Fastenzeit mit Verzicht, Leistung, Versagen, Scheitern. Eine Vorbereitungszeit auf Ostern mit so unguten Gefühlen? Nein! Die Fastenzeit und die Passionszeit in der Woche vor Ostern bewusst erleben, das möchten wir! Quälende Gedanken, ungute Gefühle, innere Blockaden wollen wir nicht! Deshalb heute meine Einladung an dich: Wir versuchen, diese Fastenzeit, diese sieben Wochen vor Ostern, mal so richtig Jesus-like zu erleben! Weniger ohne, mehr mit! Freuen wir uns auf eine Zeit vor Ostern mit viel Freude, Freiheit, Segen, Herzenslust!

WAS DICH ERWARTET

Jede Woche soll eine andere Herzenseinstellung unsere Vorfreude auf Ostern prägen, zum Beispiel durch Dankbarkeit, Herzenslust oder auch durch das Betrachten der Welt mit Kinderaugen. Es soll darum gehen, göttlich-entspannt, Jesus-like mit der Fasten- und Passionszeit umzugehen und nicht durch akribisches Selbstkasteien eine verkrampfte, unentspannte, anstrengende Zeit vor Ostern zu haben.

Beginnen wir jetzt mit einer schönen Frage: „Worauf freue ich mich an Ostern?" Als täglicher Begleiter soll dieses Büchlein, dieser Fastenkalender überall mit dir hin. Also am besten immer schön einen Stift dabeihaben und dann „Fasten-Passions-Lesen mit Stift & Co!".

Ostern freue ich mich auf:

....

....

ES GEHT UM UNSERE INNERE HALTUNG!

Als ich Christ wurde, besser gesagt, als ich Gott, den Glauben, Gemeinden, Kirchen, Christen und vieles rund um die Bibel kennenlernte, versuchte ich alles richtig zu machen. Ich machte alles das, was ich hörte, was irgendein Christ tat oder sagte oder mir empfahl. Meine erste Bibel war gefüllt von Markierungen – fast immer von Versen, die mir etwas verboten oder ein „To-do" beinhalteten. Meine erste Bibel war wie eine stressige, negative Gebrauchsanweisung – Verallgemeinerungen, Pauschaldenken, Schubladendenken, Schwarz-Weiß-Haltung inklusive. No Sex, no Drugs, no Rock 'n' Roll! Ich hielt mich dran!

Irgendwann hörte ich davon, dass wir als Christen den Zehnten geben sollen. Ich vernahm, dass das jeder anders handhabt, aber generell kam bei mir an: Gibt man 10 Prozent seines Geldes (Gehalts), dann segnet Gott das. 10 Prozent Zeit und Fähigkeiten in die Gemeinde investieren, gibt noch mal so viel Segen. Irgendwann begriff ich: Gott geht es in der Bibel bei allen Vorschlägen und Tipps zum Verhalten weniger um die akribische Einhaltung des „Zehnten", den man spenden soll, oder um das wortwörtliche siebzigmal siebenmal Vergeben als vielmehr um eine innere Haltung! Gebe ich etwas von meinem Geld und Wohlstand ab? Sehe ich die Bedürfnisse anderer? Habe ich eine dankbare Haltung? Lasse ich manchmal fünf gerade sein um des lieben Friedens willen oder mache ich mich und andere „wuschig" damit, penibel genau auf alles zu achten? Habe ich göttliche Gelassenheit oder menschliche Verkrampftheit?

WAS DEINE INNERE EINSTELLUNG MIT DIESEM FASTENKALENDER ZU TUN HAT

Darf ich „du" sagen? Hast du Karneval gefeiert? Hast du dir etwas vorgenommen für die sogenannte Fastenzeit? Warum liest du dieses Buch? Ist dir österlich zumute oder bist du eher noch weihnachtlich-gemütlich-winterlich gestimmt? Wie sieht es mit deiner Vorfreude auf Ostern aus? Hast du Lust auf „7 Wochen ohne" oder stresst dich diese Aufforderung und „7 Wochen mit" ist eher dein Ding?

Das ist gut! Denn in diesem Fastenkalender geht es nicht um mit oder ohne Schokolade, sondern eher um „mit einer anderen Einstellung". Mach dir dabei keinen Stress. Außerdem gehen wir gemeinsam durch diese Zeit, mit vermutlich einigen Tausend anderen Leserinnen und Lesern. Schöne Vorstellung, oder? Grüßen wir die anderen mal an dieser Stelle! „Liebe Menschen Groß und Klein, nah und fern, wir grüßen euch und wir freuen uns, dass es euch gibt!" Wer von den Tausend dieses Buch wohl gerade in der Straßenbahn liest? Wer mit Kopfschmerzen irgendwo in Köln, Düsseldorf oder auf dem Heimweg von dort ist? Wer wohl zum Lesen an einen besonderen Ort gegangen ist und wer wohl das feste Vorhaben hat, in den nächsten sieben Wochen auf etwas zu verzichten? Ob dieses Buch gerade jemand liest, der traurig ist? Oder jemand, der gerade sein Kind stillt? Oder jemand, der beim Hinsetzen zum Lesen seinen Kaffee umgekippt hat? Wir sind eine bunte, lesende Fasten- und Passionszeit-Gemeinschaft, und du gehörst dazu. Schön!

Also, starten wir unseren Prozess, unsere Reise, unseren Weg!

WOCHE EINS

**MIT DETAILBLICK …
WEIL'S SO SCHÖN IST!**

ASCHERMITTWOCH

EINE DANKBARE HALTUNG

Jesus mochte Gemeinschaft! An dem letzten Tag, als er auf dieser verrückten Welt war, hat er Gemeinschaft genossen. Er hat nicht geheilt, nicht gepredigt, nicht Wunder getan und nicht getauft, sondern einfach Gemeinschaft gepflegt. Und gegessen hat er – und für all das gedankt (vgl. Matthäus 26,26-27). Schön, oder? Er hat nicht leistungsmäßig die letzte Sekunde genutzt, um effektiv zu sein, sondern er genoss den Abend im Sein. Menschen und Essen. Eine schöne Kombination! Einfach leben, einfach sein. Von ihm können wir lernen! Schön und entspannt stelle ich mir Jesus vor. Und du? Wie stellst du ihn dir vor?

Mein Tipp: Starte doch heute mit einem Fasten- und Passionszeit-Tagebuch. Ein Buch, das dich durch diese sieben Wochen begleitet. Schreibe gleich heute darin auf, wie du dir Jesus vorstellst. In der nächsten Zeit kannst du außerdem Gedanken notieren oder auch nur ein Wort, Gebete, Fragen an Gott oder dich selbst. Halte Entscheidungen darin fest, kleb etwas rein! Nutze dieses Buch!

Wenn ich an Jesus denke, dann

freue ich mich, dass ER für mich wie ein enger Vertrauter ist

Von Jesus können wir nicht nur lernen, einfach zu leben, einfach zu sein. Wir können auch seine dankbare Haltung von ihm übernehmen. Nicht ohne Grund fordert uns Paulus heraus: „Seid dankbar in allen Dingen" (1. Thessalonicher 5,18; LUT). Manche Menschen würden es vielleicht „positives Denken" nennen. Ich nenne es „dankbare Haltung". Dankbarkeit löst viele positive Dinge aus. Ob du in Gedanken dankst, ob du deinen Dank deinem Tagebuch anvertraust oder ob du deinen Dank direkt Gott entgegenbringst, sei dir überlassen.

Starten wir unseren Dank, indem wir einfach mal mit Detailblick für unseren Körper danken. Ich kann sehen, singen, lachen, laufen, riechen, hören, sprechen, atmen, fühlen usw. Was noch?

**Wofür bist du dankbar? Was fällt dir auf?
Haderst du vielleicht auch mit etwas?**

Dank: Familie, Pauli, Großfamilie Gabi „guten Draht zu Gott"

Hadern: Kein Auto („außen vor"!?)

Konzentriere dich heute auf all das, was dir gut an dir gefällt! Und lass uns heute etwas am Körper ganz besonders bewusst pflegen (zum Beispiel eine besondere Creme benutzen, Pediküre, Maniküre, schminken, rasieren).

DONNERSTAG

AUF IN DIE NATUR!

Ich lebe in einem Land, wo ich Blumen riechen, Äpfel, Birnen, Pflaumen, Himbeeren, Brombeeren ernten und essen, Blumen pflücken und Luft atmen kann. Noch ist es Winter. Was gefällt dir, wenn du nach draußen schaust? Ist es in diesem Moment oder heute irgendwann Zeit für einen Spaziergang in der Natur? Gott hat uns die Welt wunderschön gemacht. Farben, Formen, Kontraste. Berge und Meer, Himmel und Erde, Bäume und Blumen. Was fällt dir noch ein?

Versuch doch heute mal, in der Natur (oder auch vor deiner Haustür, wenn nicht viel Zeit ist) etwas Schönes zu finden, was dich zu Hause daran erinnert, dass Gott dir durch die Natur zulächelt. Hol dir etwas aus seiner Schöpfung in dein Zuhause! Ein Schneeglöckchen, einen Ast, ein Blatt vom Herbst, eine Bucheckerhülse – und danke Gott dafür!

FREITAG

DANKE FÜR DAS ESSEN!

Unglaublich: Ich kann mir in unserem Land jederzeit alles kaufen, worauf ich gerade Lust habe: besonderes Obst, besonderes Brot, besondere Süßigkeiten. Das ist absoluter Luxus und ein wahres Geschenk!

Wir können Fleisch und Fisch jeglicher Herkunft und Art kaufen und genießen. Lass uns dankbar sein dafür!

Freitags essen viele Menschen Fisch. Besonders Katholiken. Es soll so freitags immer wieder an Karfreitag erinnert werden und an das, was Jesus für uns am Kreuz getan hat. Der Brauch besagt, dass es hierzu freitags kein Fleisch geben soll, sondern nur Fisch. Heute ist Fisch oft noch etwas Besonderes als Fleisch. Kennst du diese Tradition?

Kauf doch heute mal ein Brötchen oder einen Kuchen und schenk es jemandem: Nachbarn, Freunden, Obdachlosen … Oder mach einen Fischtag, wie es der katholische Brauch ist.

SAMSTAG

SCHÖNER WOHNEN

Willkommen! Es ist Wochenende! Und, wie geht es dir mit deinem Detailblick? Steigt die Vorfreude auf Ostern? Hat sich dein Buch schon gefüllt? Fühlt sich dein Herz leicht und freudig an?

Ich habe mehr als nur ein Dach über dem Kopf. Toilette, Bett, Dekoration, Stühle … Wir sind beschenkte Menschen!

Schau dich doch mal in Ruhe in deiner Wohnung oder deinem Haus um und achte mal so richtig auf deine Einrichtung, dein Hab und Gut – und weniger auf die Staubflusen, die sich vielleicht in einer Ecke oder auf deinem Bücherregal tummeln. Na, wächst da nicht die Dankbarkeit?

Vielleicht sitzt du heute ja auch dankbarer als sonst auf dem Klo, eben weil du ein Klo hast – im Gegensatz zu vielen anderen Menschen in unserer Welt. Schließt du heute das Fenster, um die Kälte draußen zu lassen, in

Gedenken an all die Menschen, die kein Dach über dem Kopf haben?

Wie wäre es, heute ein Möbelstück ganz besonders zu pflegen, zu putzen oder vielleicht aufzumöbeln – ganz detailliert?

SONNTAG

ICH DANKE EUCH, LEUTE!

Wir danken diese Woche für Dinge, die uns oft im Alltag selbstverständlich vorkommen. Doch diese Woche üben wir den Detailblick! Wann hast du zuletzt für deinen Mann bzw. deine Frau gedankt? Für Familie, Freunde, Nachbarn, Menschen, die im Supermarkt nett zu dir sind oder in der Gemeinde?! MERCI, dass es dich gibt!

Schenk doch heute jemandem eine MERCI-Schokolade oder schreibe eine Postkarte oder ein Zettelchen, eine SMS, eine E-Mail oder eine nette Botschaft an den Spiegel oder klemm sie hinter die Scheibenwischer am Auto! Gehst du heute in den Gottesdienst? Mancher Pastor sehnt sich nach Menschen, die den Detailblick haben, denn oft ist es ganz schön selbstverständlich, dass der Pastor alles macht, er wird ja auch dafür bezahlt ... Also, danke doch mal dem Pastor. Oder sprich ein kurzes Dankgebet für ihn.

MONTAG

ARBEIT UND GELD SIND NICHTS SELBSTVERSTÄNDLICHES

Eine neue Woche hat begonnen. Schade, schon wieder Montag ... Oft sehen wir nur das Negative an unserer Arbeit: den Chef, die Kollegen, die Bedingungen, die Langeweile oder den Stress. Oder als Hausfrau und Mama die Wäsche, das Putzen, das Taxispielen ...

Es ist immer die Frage, mit wem man sich vergleicht. Schaue ich auf den Stress und was mich nervt oder darauf, was wirklich zählt? Was gibt mir meine Arbeit? Lerne ich dadurch nette Menschen kennen? Gibt sie mir Erfüllung? Genugtuung? Anerkennung? Geld?

Schon seit vielen Jahrhunderten heißt es in Klöstern „Ora et labora" – „Bete und arbeite". Dahinter steckt ein geistliches Prinzip oder auch Geheimnis. Das Geheimnis ist, dass die Mönche vor einigen Jahrhunderten schon wussten, was gut für uns ist. Heute heißt es zu oft „Nein sagen", „Grenzen setzen", „nicht überarbeiten". Doch wer nach dem Prinzip der Klöster lebt, im Einklang arbeitet und betet und dazu noch das göttliche Prinzip lebt, am siebten Tag zu ruhen, der kann seine Arbeit lieben – oder zumindest gut annehmen! Ich muss immer an die Fließbandarbeiter denken oder an Bauarbeiter bei 30 Grad auf der Autobahn ... Dann wird man dankbar!

Wer nicht arbeitet, wer keinen Grund hat, morgens aufzustehen, der weiß oft gar nicht mehr, warum er lebt, wird traurig und depressiv. Arbeiten bedeutet mehr als nur Geld verdienen. Arbeit kann unser Leben bereichern.

Und wer zu Hause arbeitet, ist ein Segen für Kinder, hält Haus und Garten instand.

Danke doch einfach mal für deine Arbeit. Gib deinem Kind 10 Cent in die Hand, die er/sie in die Spardose tun soll. Oder pflanze du 10 Cent in die Erde und danke Gott für deine Arbeit. Ora et labora!

DIENSTAG

LEBE DEN MOMENT!

Schon eine Woche sind wir miteinander unterwegs. Und die gute Nachricht ist: Erst in sechs Wochen gehen wir wieder getrennte Wege. Stell dir mal vor, was die anderen gerade machen: aufs Klo rennen, Brot zwischen die Zähne klemmen, um den Bus noch zu bekommen, schnell den Urlaub buchen, bevor der Frühbucherrabatt weg ist, Fertigpizza in den Ofen schieben, statt ausgiebig zu kochen. Und du? Du liest. Du denkst. Du schreibst. Vielleicht trinkst du auch einen Tee. Du dankst.

Mach mal die Augen zu und fühle deinen Puls. Konzentriere dich anschließend ganz auf deinen Atem und höre dir selbst beim Atmen zu. Du hast Zeit dazu. Und wenn du heute aufs Klo gehst, bleib noch kurz sitzen, auch wenn du schon „fertig" bist, und halte kurz inne. Danke Gott dafür, dass du Zeit hast – zum Danken und Innehalten!

WOCHE ZWEI

Wenn ich drüber nachdenke, kann ich eigentlich alles!

**MIT OPTIMISMUS ...
WEIL'S DIE SEELE UMDREHT!**

MITTWOCH

DAS GLAS IST HALB VOLL, NICHT HALB LEER

Sieben „Wahrheiten", angefangen bei Pippi Langstrumpf, ein bestimmter Bibelvers, ein gutes deutsches Sprichwort oder ein häufig zitierter Satz meines Vaters haben meine 37 Jahre auf dieser Erde oft geprägt. Das waren alles gute Worte! Doch wenn ich an Deutschland denke, fällt mir etwas anderes ein – ein Land voller Perfektionisten, Pessimisten und schlechter Nachrichten. Diese Woche soll für uns ein Neuanfang sein, dem Pessimismus zu trotzen und dem Optimismus eine neue Chance zu geben. Gute Nachrichten müssen her! Gute Botschaften! Wohltuende Worte!

„Worte haben Macht" lauten viele Seminare im therapeutischen und seelsorgerlichen Bereich. Da geht es zum Beispiel um Lebenslügen. Habe ich bestimmte Dinge in der Kindheit immer wieder gesagt bekommen? Vielleicht auch Lügen? Gibt es Lügen, Worte, Sätze, die mich bis heute prägen? Welche Sätze hindern mich, in aller Freiheit zu sein? „Du wirst niemals …", „Du bist ein totaler …", „Das schaffst du nicht …", „Wenn du so weitermachst, dann …". Was können solche Sätze sich eingebrannt haben! Oft haben Menschen solche Sätze ausgesprochen, die uns etwas bedeuten, auf deren Meinung wir etwas geben, zum Beispiel Eltern, Lehrer, Erzieher, Pastoren. Kennst du auch solche Sätze? Gehe einen Moment in dich. Vielleicht betest du und fragst Jesus, ob es Sätze gibt, von denen er dich frei machen möchte.

Ein prägender Satz und/oder eine Lebenslüge bei mir ist:

....

....

Ich möchte dich einladen, folgendes Gebet zu sprechen:

Jesus, du weißt, dass ich immer wieder an die oben geschriebenen Worte denken muss und sie mich bis heute belasten. Du weißt, wieso

....

(Name der Person einsetzen) das damals zu mir gesagt hat. Es hemmt mich, frei zu sein. Nach wie vor machen mich diese Worte traurig (oder wütend, fertig, unglücklich, unsicher). Ich bitte dich, dass du diese Worte aus meinen Gedanken nimmst. Ich lege diesen Satz ans Kreuz. Ich bitte dich, dass du deine guten Gedanken über mich in mein Herz pflanzt. Schenk etwas Neues. Vielen Dank! Amen.

Nimm dir einen Moment Zeit und höre auf dein Herz. Vielleicht schlägst du die Bibel auf oder holst dein Tagebuch? Oder möchtest du beten oder ein Lied hören? Nimm dir die Zeit!

Möglicherweise hat Jesus dir auch eine Situation vor Augen gehalten, wo du mit deinen Worten eine andere Person verletzt hast. War es dein Kind? Vielleicht bist du Erzieher/-in, Lehrer/-in, Pastor/-in, Diakon/-in und du hast (vielleicht auch unbewusst) deine Position und Macht falsch eingesetzt und jemanden mit Worten verletzt? Bitte auch hier Gott um Vergebung. Er will dir die Last und Verantwortung abnehmen! Schreib es ebenfalls auf, sodass es „ausgesprochen/aufgeschrieben" ist!

Es tut mir leid, dass ich

....

(Name der Person einsetzen)

Folgendes gesagt habe:

....

....

....

Ich lade dich ein, dieses Gebet zu sprechen:
Jesus, bitte vergib mir, dass ich

....

(Name der Person einsetzen) so etwas Doofes gesagt habe und sie/ihn damit nicht nur verletzt, sondern vielleicht auch bis heute damit negativ geprägt habe. Es tut mir sehr leid. Bitte nimm diese Last von mir und segne du

....

(Name der Person einsetzen)! Vielen Dank! Amen.

Nimm dir erneut einen Moment Zeit, auf dein Herz zu hören. Vielleicht ist es auch jetzt wieder dran, die Bibel aufzuschlagen, oder du holst dein Tagebuch dazu? Du möchtest beten oder ein Lied hören? Tu es und genieße deine Zeit!

Wenn man selbst etwas erfahren und/oder durchgemacht hat, kann man besser nachvollziehen, wie etwas beim anderen ankommt oder wirkt. Vielleicht kannst du nun besser erspüren, welche Macht Worte haben – positive und negative!

Diese Woche soll unter dem Stern der positiven Worte stehen. Also weiter im Text mit den guten Botschaften! „Das Glas ist halb voll, nicht halb leer!" Betrachtest du alles, was passiert, eher pessimistisch und fehlt eigentlich immer noch etwas zum Perfekten, oder geht's bei dir positiv zu? „Ach, das wird schon!" – „Der Gedanke zählt!" – „Das war wohl nix, nächstes Mal wird's besser!" Führe mal diese Liste weiter und dann schreib dir diese Sätze auf (zum Beispiel in dein Handy oder dein Tagebuch), sodass du sie immer dabeihast, wenn du wieder ein halb leeres Glas vor dir hast! Halb volle Gläser schmecken viel besser!

....

....

....

....

DONNERSTAG

„SEID DANKBAR IN ALLEN DINGEN!"

Dieser Bibelvers aus 1. Thessalonicher 5,18 (LUT) sollte nicht nur unsere Herzenseinstellung verändern, so wie wir das in der ersten Fastenwoche an Körper, Geist und Seele erfahren konnten, er sollte auch unser Lebens-Credo sein. Und ein Satz, der uns immer für andere auf den Lippen liegt! Sitzt jemand in der Negativspirale fest und/oder ist depressiv, dann können wir ihn mit diesem Bibelvers ermutigen.

Achte doch heute mal auf winzige Details. Fange bei kleinen Dingen an, Gott dafür zu danken. Wofür bist du heute dankbar? Für nix? Alles ist doof? Das ist traurig. Fühl dich in den Arm genommen und stell dir vor, wie Gott dich anlächelt, und dann lass dir von Herzen sagen: „Danke, dass du die Welt ein bisschen bunter machst!"

Fällt dir etwas ein, wofür du heute danken kannst – in allen Dingen, trotz aller Dinge?

....

....

....

....

FREITAG

FRISCH, FROMM, FRÖHLICH, FREI

Auch wenn Friedrich Ludwig Jahn in diesem fürs Turnen häufig verwendeten „Kampfspruch" mit „fromm" wohl nicht unbedingt einen religiösen Lebenswandel gemeint hat, sondern wohl eher „tüchtig, fleißig", so mag ich doch alle vier Aufforderungen in diesem Ermutigungssprüchlein. Der amüsante Theo Lingen hat in heiteren Filmchen in den Siebzigern sich nur zu gerne dieser Aufforderung bedient.

Was wäre diese Welt, wenn jeder jederzeit frisch, fromm, fröhlich und frei wäre? Was beinhalten diese Worte für dich? Was assoziierst du damit? Lass dir mal jedes Wort auf der Zunge zergehen. Zücke deinen Stift und nimm die Worte für dich auseinander. Was hast du für Erfahrungen mit jedem einzelnen Wort gemacht? An wen oder was erinnert es dich? Was kommen für Gefühle hoch? Was müsste sich bei dir ändern, damit du „frisch, fromm, fröhlich, frei" leben kannst?

Frisch:

....

Fromm:

....

Fröhlich:

....

Frei:

....

SAMSTAG

„SEI FRÖHLICH, FRECH UND WUNDERBAR!"

Es ist Wochenende! Bald ist Ostern. Freust du dich? Haben positive Worte diese Woche schon Macht in dir eingenommen? Wie geht's dem Herzen? Was macht deine Seele?

Falls du Kinder hast, schau dir doch heute mit ihnen mal eine Folge Pippi Langstrumpf an. Oder lies ihnen eine Geschichte daraus vor. Du hast keine Kinder? Dann schau Pippi Langstrumpf alleine oder mit einer Freundin! Sie ist so herrlich unkompliziert, unkonventionell. „Sei fröhlich, frech und wunderbar" kommt von ihr – eine Aufforderung, der ich nur zu gern nachkomme! Du auch?

Christina Brudereck hat ein wahnsinnig originelles Lied über die Pippi Langstrumpfs und Annikas dieser Welt geschrieben. Lies selbst:

Pippi

Wenn wir uns früher als Kinder verkleidet haben,
bat ich meine Mutter,
mir Sommersprossen um die Nase zu malen
und mir Draht in die Zöpfe zu flechten,
ich zog bunte Ringelsocken an und ich war Pippi.
Wirklich!
Denn Pippi hat nie wirklich gelebt,
aber sie hat mich wirklich ermutigt!

Sie hat mich an die Stärke von Mädchen glauben lassen,
ich habe Taka-Tuka-Land auf der Weltkarte gesucht
und mitten im Winter konnte einem das Gefühl
von Sommerferien und großer Freiheit bescheren.

Ein Gedicht für
Pippi ViktualiaRollgardinaPfefferminzia
Ephraims Tochter Langstrumpf
und für einige Mädchen in meiner Umgebung

sie alle sehen eher aus wie Annika
rank und schlank
zierlich, manierlich
schön anzusehen
umhegt, gepflegt
in der Schule gute Noten,
braune Haare, keine roten

sie alle benehmen sich eher so wie Annika
richtig vorsichtig
niedlich fleißig

*pünktlich ordentlich
normal egal
ihr Leben verläuft ganz gut,
zu allem andern fehlt der Mut*

*sie alle gucken eher so wie Annika
und wohnen so wie Annika
und leben so wie Annika
unscheinbar, schüchtern
lieb, gesund
nie sprechen mit vollem Mund
weit weg von Villa Kunterbunt*

*sie sind alle eher wie Annika
Pippi Langstrumpf ist nicht da
ich wünschte mein Traum würde wahr:*

*dass die Annikas stark werden
mutig, schlau und frei
tanzen, spielen, reiten
Spaghetti mit der Schere schneiden
sich von andern unterscheiden
nach der eignen Mode kleiden
andern helfen, was riskieren,
sich nicht dauernd schüchtern zieren
und wegen der Manieren niemanden schockieren
nicht nur frisieren und lackieren
auch experimentieren
und köstlich amüsieren
was Besonderes aus dem Leben machen
viel sehen, spielen und viel lachen*

*ihr alle, die ihr eher seid wie Annika
ich wünschte,
Pippi Langstrumpf zöge neben euch ein
und
ihr machtet euch die Welt
widdewidde wie sie euch gefällt*
Christina Brudereck[1]

SONNTAG

„NACH OBEN UND NACH VORNE SCHAUEN!"

Immer, wenn es jemandem nicht gut geht, sagt ein alter, weiser Herr von der Schwäbischen Alb diesen Satz zu dieser Person.

„Nach oben": Himmel, Weite, offen, Perspektivwechsel, gerade stehen, Ewigkeitsperspektive, Gott, Kopf hoch, Vater im Himmel … Das sind die Assoziationen, die mir einfallen.

Woran denkst du bei der Vorstellung, deine aktuelle Situation, deine Krise, deine Traurigkeit, deine Depression unten sein zu lassen und nach oben zu schauen? Was fällt dir ein, wenn du „nach oben" hörst?

nach oben schauen: kann mich aus der Enge/Engung erheben – Freiheit spüren – kann Gott nach oben hören; reden hören

Mit „nach vorne" verbinde ich: „Weiter geht's!", Zukunftsmusik, Vergangenheit hinter sich lassen, Hoffnung, Gottvertrauen … Woran denkst du?

an Hoffnung für unsere Ehe, gerade bei Miteinander-Älter-Werden

Nimmst du dir vielleicht sogar etwas vor? Möchtest du etwas „unten lassen" und „nach oben und nach vorne schauen"? Triffst du eine Entscheidung, etwas abzuhaken, hinter dir zu lassen? Halte sie fest und schreibe sie auf!

Ich möchte die sorgenvolle Sicht auf ein immer mehr „Eingefahrensein" in d. Ehe (Langeweile, Stille, Monotonie) hinter mir lassen.

MONTAG

VERGLEICHEN IST DER TOD IM TOPF

Kennst du das? Du gehst irgendwo weg, lässt noch mal alles Revue passieren und wirst dann ganz traurig. Jemand erzählt etwas und bei dir setzt langsam eine Traurigkeit ein. Du schaust einen Film oder liest ein Buch und am Ende bist du ganz deprimiert. Was passiert da? Bewusst oder unbewusst vergleichen wir uns. Etwas, was wir selbst gerne hätten, hat jemand anderes. Einen Urlaub, den andere sich leisten, können wir uns selbst gerade nicht leisten. Andere bekommen Kinder, wir nicht. Andere können sich ein Haus leisten, wir nur eine Mietwohnung. Andere haben einen Partner, ich treffe meinen Deckel nirgends. Andere fühlen sich Gott nah, ich bete ohne Unterlass und scheinbar gehen alle Gebete nur bis an die Decke. Andere sind schön und scheinbar immer schlank, ich nehme schon zu, wenn ich nur eine Tüte Chips anschaue. Andere haben eine tolle Familienstimmung, wir streiten nur. Und so weiter! Das hat doch nichts mit Optimismus zu tun, nichts mit Auferstehungsfreude!

„Vergleichen ist der Tod im Topf!" Vergleichen ist anstrengend, hart, leidvoll und zu nichts nutze. Aber es ist zutiefst menschlich. Wir schauen Realityshows und es tut gut zu sehen, dass es anderen schlechter geht. Danach geht es uns irgendwie besser. Kennst du solche Gefühle?

Wie mag es den Menschen gegangen sein, über die in der Bibel berichtet wird? All denen, die Jesus nicht anfassen durften? All denen, die nicht geheilt wurden? All denen, die keinen großen Auftrag erhielten? All denen, die nicht auf Noahs Arche landeten? All denen, die ihr Kind verloren, als alle erstgeborenen Söhne getötet werden sollten? All denen, die nicht wie Sara im hohen Alter noch ein Kind bekamen? All denen, die glauben wollten, aber nicht konnten, all denen, die mit Neid und Eifersucht kämpften, weil sie das Gefühl hatten, allen anderen ginge es besser als ihnen selbst? All denen, die fest davon überzeugt waren, Jesus würde andere mehr lieben als sie oder mehr Segen empfangen? Die Hirten auf dem Felde bei Bethlehem durften Jesus als Erstes sehen. Ob wohl alle anderen Hirten dieser Welt völlig neidisch waren? Potiphar nahm sich eine schöne Frau. Wie sich wohl alle anderen gefühlt haben müssen?

Vermutlich gab es Vergleichen schon immer! Es ist eine Wurzel im Menschen. Dass dieses Vergleichen fast immer zu Neid und Eifersucht führt, ist überhaupt nicht schön. Ich empfinde es selbst oft wie einen Dorn, einen Stachel. Gut ist: Wir können Gott bitten, ihn rauszuziehen! Ich will innerlich keinen Tod (im Topf) sterben.

Wo vergleichst du? Empfindest du Neid und Eifersucht? Meidest du Menschen und Situationen, um diesen Dorn und Stachel nicht zu empfinden? Jesus ist gestorben und auferstanden! Er hat gelitten und im Leid durch die Auferstehung Freude und Freiheit erfahren. Er hat es uns vorgemacht. Die Fasten- und Passionszeit ist eine „Prozess-Zeit"! Ich wünsche uns, dass wir diesen Prozess erleben: Jesus möchte uns von unserem Neid und der Eifersucht, die uns plagen, befreien, sodass sie der Vergangenheit angehören. Der Tod soll im Topf bleiben, die Auferstehungsfreude soll uns frei machen!

Ich lade dich ein, folgendes Gebet zu sprechen:
Jesus, du bist Licht, Wahrheit, Klarheit und Freiheit. Du bist zutiefst rein und willst uns rein machen. Danke für deine Auferstehung. Heiliger Geist, danke, dass du wirkst. Ich bitte dich, rühre mein Herz an, damit aller Neid und alle Eifersucht verschwinden und ich Dankbarkeit und Frieden spüren kann. Ich bringe dir jetzt folgende Situation und will sie ans Kreuz abgeben, an dich! (Formuliere vor Gott eine konkrete Situation!) Du sagst, dass du „Neues schaffen willst"! Ich danke dir, dass du das in mir tun willst. Danke, dass du mir den Stachel des Neides und der Eifersucht ziehst und dass du es mit Freiheit, Frieden und Dankbarkeit füllen kannst. Amen.

DIENSTAG

MORGEN SIEHT DIE WELT WIEDER ANDERS AUS!

Kennst du diesen Spruch? Was löst er in dir aus? Hast du ihn mal gesagt bekommen und dich in dem Moment gar nicht ernst genommen gefühlt? Sagst du ihn selbst zu anderen? Vielleicht, weil dir manchmal die Worte und Antworten fehlen?

Gott nimmt uns ernst. Immer und überall. „Gott spricht: Ich will euch trösten wie eine Mutter ihr Kind" (Jesaja 66,13). Mit dieser Zusage dürfen wir gewiss und optimistisch sein, dass Gott uns annimmt und versteht, wie wir sind. Auch dürfen wir gewiss sein, dass er mit uns weint und mit dem Schicksal dieser Welt. Er will uns trösten. Wie sieht der Trost eines Gottes aus, den man nicht sieht? Was Gott tut, findet im Verborgenen statt. Im Herzen. Dazu hat Jesus den Heiligen Geist zwischen Himmel und Erde gelassen. Mit dem Heiligen Geist will er berühren, Frieden schenken, etwas Neues schaffen, trösten.

Kennst du das Bild „Der verlorene Sohn" von Rembrandt? Ich möchte es dir schenken – du findest eine Postkarte mit dem Bild ganz vorne in diesem Buch! Verarmt, vereinsamt, am Ende des Lebens schenkt uns Rembrandt dieses ergreifende Bild vom barmherzigen Vater und dem verlorenen Sohn. Was für ein Vater, was für ein Gott! Schon von Weitem sieht der Vater den Sohn (vgl. Lukas 15, 11-32). Er hatte ihn immer in seinem Blick, verlor ihn nie aus dem Auge. Und er hat Mit-Leid mit ihm. Er leidet alle Not, alle Scham mit, auch die Not der Sünde und Schuld. Dann läuft er seinem Sohn entgegen. Gott kommt immer entgegen, jedem von uns, auch dem Sünder – zuvorkommend, mit Liebe. Jesus scheut sich nicht zu sagen: „Gott fällt dem Verlorenen um den Hals, umarmt ihn und küsst ihn." Der umarmende, liebende Gott!

Diese Zärtlichkeit Gottes hat Rembrandt in seinem Bild eingefangen: wunderbare Hände, heilende Hände. Sie bergen und schützen, sie nehmen den Sohn an, wie er ist. Sie ruhen beruhigend auf seinen Schultern. Sie streicheln, liebkosen. Ein Verlorener – jetzt wiedergefunden. Ein Toter – zum Leben erweckt. Ein Sünder – in Liebe geheilt. Das Bild erinnert an Jesaja 49,14-16: „Kann eine Mutter ihren Säugling vergessen? Bringt sie es übers Herz, das Neugeborene seinem Schicksal zu überlassen? Und selbst wenn sie es vergessen würde – ich vergesse dich niemals! Unauslöschlich habe ich deinen

Namen auf meine Handflächen geschrieben." Liebende Hände, zärtliche Hände! Das Antlitz des Vaters strahlt hell. Vielleicht sagt er die Worte Aarons: „Der Herr segne dich und behüte dich; der Herr lasse sein Angesicht leuchten über dir und sei dir gnädig; der Herr hebe sein Angesicht über dich und gebe dir Frieden" (4. Mose 6,24-26; LUT).

Rembrandt hat bewusst eine Hand des Vaters und eine Hand der Mutter, sprich eine weibliche und eine männliche Hand, gewählt, die tröstend auf den Schultern liegen. Vielleicht ist dein Verhältnis zu deiner Mutter nicht ideal und deine Assoziationen an deine/eine Mutter nicht so, dass du mit den Versen aus Jesaja 49 und 66 einen guttuenden Trost verbindest. Dann vielleicht mit der männlichen Hand? Stell dir die Hände als Hände eines Freundes oder deines Vaters vor.

Meditiere doch heute über dieses Bild. Du kannst mit dem Wort „meditieren" nichts anfangen? Schau dir heute noch öfter das Bild des liebenden, tröstenden Vaters an! Denk darüber nach, reflektiere, bete, kau darauf herum. Gott will dich trösten. Lass dich umarmen! Und morgen sieht die Welt schon wieder anders aus!

Diese Woche hat dich herausgefordert? Es ist gar nicht so leicht, an Optimismus zu gewinnen. Manchmal sind unsere Sorgen und Probleme einfach zu groß und wir fragen uns, wo der Knopf ist, auf den wir drücken können. Es wäre toll, wenn wir einfach „schnipp" machen könnten! „Quält euch also nicht mit Gedanken an morgen; der morgige Tag wird für sich selber sorgen" (Matthäus 6,34; GNB). Ich wünsche dir, dass du eine Erfahrung mit Gott machst, die dir das Leben und das Herz leichter macht. Die Erfahrung, dass er deine Last trägt und dir deine Sorgen und Probleme etwas leichter macht oder sogar ganz von der Seele nimmt!

WOCHE DREI

**MIT ERMUTIGUNG ...
WEIL'S SO GUTTUT!**

MITTWOCH

LASS DICH VON GOTT ERMUTIGEN!

In der Pädagogik gibt es eine Faustregel: Wenn du vorhast, negative Kritik zu äußern, beginne mit zehn positiven Dingen! In manchen Fällen gar nicht so einfach … Doch wir haben ja in der ersten Fastenwoche gelernt, mit Detailblick immer dankbarer zu werden – besonders für die kleinen Dinge im Leben. Manchmal muss man ganz vorne oder ganz unten anfangen, wenn man etwas Gutes einer Situation oder einer Person abgewinnen möchte. Das ist nicht schlimm, sondern ein guter Anfang.

Wir wollen uns diese Woche – mit Gottes Hilfe – auf den Weg machen, Ermutiger zu werden, die erhobenen Hauptes durchs Leben gehen und andere ermutigen. Ermutigung verändert den Menschen und er steht mit jeder Ermutigung ein kleines Stück gerader! Vielleicht hast du tatsächlich in der vergangenen Woche an Optimismus gewonnen? Vielleicht hat Jesus in dir etwas Neues geschaffen? Ich wünsche es dir!

Ermutiger mag man. Ermutiger sind beliebt. Ermutiger behält man in Erinnerung. Für Ermutiger ist das Glas meist halb voll. Ermutiger sind Jesus-like! Ermutiger sehen oft das Gute. Ermutiger nehmen das Potenzial in anderen wahr und fördern es. Deshalb hier und heute die fröhliche Einladung an dich, ein Ermutiger zu sein.

Starten wir bei uns selbst. Zu allererst will Gott dich ermutigen! Lass deinen Liebestank von Gott füllen, bevor du anderen zum Segen wirst. Lies dazu die folgenden Verse:

Herr, du durchschaust mich, du kennst mich durch und durch. Ob ich sitze oder stehe – du weißt es, aus der Ferne erkennst du, was ich denke. Ob ich gehe oder liege – du siehst mich, mein ganzes Leben ist dir vertraut. Schon bevor ich rede, weißt du, was ich sagen will. Von allen Seiten umgibst du mich und hältst deine schützende Hand über mir. Dass du mich so genau kennst – unbegreiflich ist das, zu hoch, ein unergründliches Geheimnis! Wie könnte ich mich dir entziehen; wohin könnte ich fliehen, ohne dass du mich siehst? Stiege ich in den Himmel hinauf – du bist da! Wollte ich mich im Totenreich verbergen – auch dort bist du! Eilte ich dorthin, wo die Sonne aufgeht, oder versteckte ich mich im äußersten Westen, wo sie untergeht, dann würdest du auch dort mich führen und nicht mehr loslassen. Wünschte ich mir: „Völlige Dunkelheit soll mich umhüllen, das Licht um mich her soll zur Nacht werden!" – für dich ist auch das Dunkel nicht finster; die Nacht scheint so hell wie der Tag und die Finsternis so strahlend wie das Licht. Du hast mich geschaffen – meinen Körper und meine Seele, im Leib meiner Mutter hast du mich gebildet. Herr, ich danke dir dafür, dass du mich so wunderbar und einzigartig gemacht hast! Großartig ist alles, was du geschaffen hast – das erkenne ich (Psalm 139,1-14)!

Sauge diese Worte auf. Inhaliere den Gedanken, dass Gott immer bei dir ist. Meditiere den Psalm:
- → Unterstreiche, was dir wichtig geworden ist: erst einen Satz, dann ein Wort.
- → Schreibe den Vers oder das Wort heraus und trage ihn (heute) mit dir.

→ Sage Gott, was dir bei diesem Vers oder Wort auf dem Herzen liegt.
→ Danke Gott – dem Ermutiger der Menschheit!

Geh heute mit diesem Psalm durch den Tag.

DONNERSTAG

DEINE WORTE KÖNNEN ANDERE ERMUTIGEN

Guten Tag! Wie geht es dir heute? Wie geht es wohl den anderen Lesern? Ob jemand fastet und vielleicht gar nichts isst? Ob jemand mit dem Psalm von gestern gar nichts Gutes verbindet und sich eher von Gott bedroht fühlt, weil er immer und überall da ist und alles sieht? Ob jemand keine Ermutigung mag? Oder kein Ermutiger sein möchte? Oder hast du das Gefühl, noch nie ermutigt worden zu sein? Hast du immer nur Negatives zu hören bekommen? Vielleicht kennst du auch jemanden, der immer nur Opfer war – damals in der Schule, im Job, in der Familie, im Freundeskreis … Es gibt solche Leute. Du vielleicht auch? Und wir, die wir Ermutigung erfahren haben, sollten nicht meinen, es wäre selbstverständlich. Ich kann aus 20 Jahren Kinder- und Jugendarbeit und mehreren Jahren in der Jugendhilfe viele Beispiele von Menschen nennen, die nie Ermutigung erfahren haben. Niemand sah das Gute an ihnen. Nie hörten sie ein gutes Wort oder eine Ermutigung, nie wurden sie umarmt. Sie waren Außenseiter in der Schule, hatten ein schlechtes Selbstbewusstsein, keinen Partner, kaum Freunde.

Wenn man Menschen trifft, die wenig Ermutigung erfahren haben, reicht oft ein nettes Wort oder ein aufmunternder Blick oder eine liebevolle Geste, um sie zu ermutigen – und manchmal auch zum Weinen zu bringen, denn solche Menschen saugen eine liebevolle Begegnung wie ein trockener Schwamm auf. In solchen Momenten schäme ich mich. Ich bin verwöhnt. Verwöhnt von Ermutigern um mich herum. Verwöhnt durch Zettelchen, Briefe, nette SMS, ermutigende Worte, Feedback, das ermutigt.

Menschen, die in ihrem Leben wenig Ermutigung erfahren haben, suchen oft in Kirchen und Gemeinden Zuflucht – das ist sehr schön! Jesus sagt, dass die Schwachen zu ihm kommen sollen. Oft sind Kirchen, Gemeinden und auch soziale Einrichtungen Orte, wo Menschen, die durchs Raster der Gesellschaft fallen, willkommen sind. Hier dürfen sie sein – egal, wie sie sind, wie sie aussehen, wie erfolgreich sie sind.

Es ist dem Menschen angeboren, dass er sich gern mit „seinesgleichen" abgibt. Interessen, Sympathie, Weltanschauung, Humor – all das spielt bewusst und unbewusst bei der „Auswahl" unseres Umfelds eine Rolle. So entstehen Cliquen, Freundeskreise, Milieus.

Lass uns heute mit dem Jesus-Blick einem Menschen in unserem Umfeld Aufmerksamkeit schenken, der nicht so ganz auf unserer Welle schwimmt. Der Ermutigung brauchen könnte. Einem Kind, einem Jugendlichen, einem Kollegen, einer Frau an der Supermarktkasse oder jemandem, der den Toilettendienst im Kaufhaus macht. Halte jetzt kurz inne. Überlege und bete, ob es da jemanden gibt, und frage Gott, was du dieser Person heute Ermutigendes sagen könntest. Gott segne dich!

FREITAG

SCHREIB MAL WIEDER …

Bekommst du gerne Postkarten? Schreibst du gerne welche? Das ist ja irgendwie Mädchen-/Frauensache, nicht wahr? Richtige Post bekomme ich viel lieber als digitale Post. Geht dir auch das Herz auf, wenn du eine nette Postkarte mit ermutigenden Worten aus dem Briefkasten ziehst? Gesagt, getan! Das machen wir heute! Mit der Fastenkalender-Gemeinschaft flattern heute überall, wie ein großes Ermutigungsnetz, Postkarten durch die Republik – quasi ein Ermutigungsgewitter. Schöne Vorstellung!

Du hast dich gestern schon gefragt, was denn Ermutigung überhaupt ist? Dir fallen gar keine Worte ein? Mit Google kommst du auch nicht weiter? Dem müssen wir Abhilfe schaffen! Vielleicht hast du in Predigten schon gehört, was „Ermutigung" im Glauben bedeutet. Darüber hinaus gibt es sogar die Ermutigungspädagogik. Pass auf, das ist spannend!

„Es ist eine Pädagogik der Nicht-Aussonderung, die jeden Menschen als gleichwertiges Individuum begreift. Sie hat ihren Ausgangspunkt auf der Ebene des Menschenbildes der Individualpsychologie, denn die Art und Weise, in der wir mit anderen Menschen umgehen, ist entscheidend davon geprägt, wie der Mensch betrachtet wird, welches Bild für den Menschen Gültigkeit hat.

Ermutigungspädagogik praktisch umgesetzt heißt, zum einen die Ziele einer Persönlichkeit kennenzulernen, damit ihr Verhalten verstanden werden kann. Zum anderen werden Bedingungen und Leitlinien geschaffen, die es dem Kind/Jugendlichen/Erwachsenen ermöglichen, sein natürliches Wachstumspotenzial durch Orientierung an und Sicherheit im Umfeld zu entwickeln.

Ermutigungspädagogik begreift den Menschen als ein soziales Wesen, das von Natur aus gut ist und das seinen Beitrag zur und in der Gesellschaft leisten will.

Ermutigung
→ ist die innere Haltung, die Würde des Menschen und seine Einzigartigkeit zu achten und ihn nicht an seiner Fehlerhaftigkeit zu messen. Sie ist vielmehr getragen vom sicheren Glauben an die individuellen Qualitäten und Fähigkeiten in jeder Person.
→ ist die einzige Kraft, die das natürliche Wachstumspotenzial im Menschen zur Entwicklung und Entfaltung bringt, und zwar durch jedes Signal, welches das Gefühl der Zugehörigkeit weckt und stärkt.
→ ist der Prozess, der dazu führt, ein gesundes Selbstwertgefühl und Selbstbild zu entwickeln, das heißt, sich auf der Grundlage der eigenen Qualitäten und Fähigkeiten zu definieren und mehr an sich und an seine Möglichkeiten zu glauben.
→ ist jedes Zeichen der Aufmerksamkeit, das sich selbst oder anderen Mut macht oder Auftrieb gibt und zur Selbstständigkeit führt.
→ ist das, was individuell als Ermutigung empfunden wird.
→ führt zu mehr innerer Ruhe, Zufriedenheit und dem Mut, zu sich selbst zu stehen.

Ermutigte Menschen lernen, alte Verhaltensmuster, die sie mutlos werden ließen, durch positive zu ersetzen.

Also: Ermutige andere, anstatt nur zu kritisieren, zu meckern, zu nörgeln. Baue dich selbst auf, anstatt dich hängen zu lassen und Ersatzbefriedigungen zu suchen."[2]

So ermutige ich dich, heute jemandem ein Zettelchen (Postkarte, Brief …) zu schreiben und ihn an den Spiegel zu kleben (hinter den Scheibenwischer zu klemmen, in den Briefkasten zu werfen …), um diese Person mit geschriebenen Worten zu ermutigen. Enjoy! Gott segne dich!

SAMSTAG

TATEN SPRECHEN LASSEN

„Lass Blumen sprechen" – das liegt dir sowieso mehr als (gesprochene oder geschriebene) Worte? Sehr gut, dann ist das heute dein Tag! Zum Glück ist jeder Mensch anders, und jeder Mensch springt auf unterschiedliche Sachen an.

Kennst du „die fünf Sprachen der Liebe"? In Büchern für Paare, Singles, Freundinnen, Kinder, Teenager und andere erklärt der US-amerikanische Autor Gary Chapman, dass jeder Mensch eine andere Sprache der Liebe spricht. Das betrifft nicht nur die Art, wie man dem anderen seine Zuneigung zeigen kann, sondern auch, wie man selbst dafür empfänglich ist, was bei einem selbst „auf fruchtbaren Boden fällt". Wenn du zum Beispiel überhaupt nichts mit Geschenken anfangen kannst, wirst du es vermutlich nicht gut wertschätzen können, wenn dir jemand Blumen als Zeichen seiner Sympathie schenkt. In dem „Konzept" von Gary Chapman geht es um diese fünf Sprachen der Liebe:[3]

Lob und Anerkennung
Wenn Menschen andere gern loben und dadurch ihre Anerkennung für geleistete Dinge oder auch für besondere Eigenschaften ausdrücken, sprechen sie die erste Sprache der Liebe. Sie loben aber nicht nur gern, ihnen fällt es auch sehr leicht, andere zu ermutigen.

Zweisamkeit – die Zeit nur für dich
Menschen, die die Sprache der Zweisamkeit sprechen, sehnen sich nach ungeteilter Aufmerksamkeit. Dadurch fühlen sie sich geliebt und wertgeschätzt. Zeit mit dem Partner zu verbringen, ist diesen Menschen ungemein wichtig, zum Beispiel spazieren gehen, essen gehen, Gespräche führen oder Dinge gemeinsam erledigen. Zweisamkeit hat für sie eine besondere Qualität, und sie schätzen sie sehr.

Geschenke, die von Herzen kommen
Für Menschen dieser Sprache sind Geschenke ein sichtbares Zeichen der Liebe. Es signalisiert, dass sich der andere Gedanken gemacht und an den anderen gedacht hat. Der materielle Wert ist dabei unwichtig, auch Selbstgemachtes kann die Liebe für den anderen symbolisieren und Wertschätzung zum Ausdruck bringen.

Hilfsbereitschaft
Menschen, die die Sprache der Hilfsbereitschaft sprechen, drücken ihre Liebe dadurch aus, dass sie dem anderen bei allen möglichen Aufgaben helfen. Dabei spielt die Art der „Dienstleistung" keine Rolle; sie helfen einfach gern und unterstützen den anderen, wo und wie sie nur können.

Zärtlichkeit

Berührungen jeglicher Art sind für Menschen mit der Liebessprache Zärtlichkeit essenziell. Wenn ihr Partner sie umarmt, im Vorbeigehen streichelt oder sie küsst, sind sie sich sicher, dass ihr Partner sie liebt. Und sie selbst zeigen dem anderen am liebsten auch über Zärtlichkeiten, wie sehr sie ihn lieben. Der Liebesakt ist dabei nur ein Aspekt dieser Liebessprache.

Gary Chapman geht davon aus, dass jeder Mensch eine dieser Liebessprachen spricht, also eine besondere Art hat, seine Liebe einem anderen Menschen mitzuteilen und umgekehrt sie auch zu verstehen. Lernen sich nun zwei Menschen kennen und lieben, die nicht dieselbe „Muttersprache" der Liebe sprechen, kann es zu Beginn sehr schwierig sein, sich gegenseitig der Liebe zu vergewissern. Es ist fast so, als sprächen beide zwei verschiedene Fremdsprachen. Wichtig ist es deshalb, die Muttersprache des anderen kennen- und sprechen zu lernen, damit Kommunikation und Beziehung gelingen können. Dazu müssen natürlich die Partner auch ihre eigene Muttersprache kennen. Wissen beide Partner um ihre eigene Sprache und um die des anderen, können sie ihre Liebe in der Sprache des anderen zum Ausdruck bringen, sodass der andere tatsächlich spürt, wie sehr er geliebt wird.

Wer dieses „Konzept" verstanden und verinnerlicht hat, der ist nicht nur weniger enttäuscht, sondern er kann auch manches besser einordnen. Wer sich selbst und sein Gegenüber in der Sprache der Liebe kennt und annimmt, der weiß mit Sympathiepunkten gut umzugehen.

Welche ist deine Sprache der Liebe? Gibt es eine Person, der du heute eine Ermutigung durch eine Tat zukommen lassen möchtest? Möchtest du jemandem helfen? Oder jemandem einfach etwas schenken? Vielleicht ist auch eine Umarmung dran oder Zeit mit einer Person zu verbringen. Du kannst natürlich jemanden erneut durch lobende Worte ermutigen. Was du auch tust – sei dieser Person ein Segen!

Und wenn du dich nicht damit wohlfühlst, wie du und dein Partner versucht, euch gegenseitig Gutes zu tun, dann tauscht euch doch heute mal über eure Sprachen der Liebe aus. So mancher hat nach solch einem Gespräch das erste Mal Blumen bekommen!

SONNTAG

GESCHENKE, GESCHENKE!

Kannst du dich daran erinnern, wie schön es war, als Kind Geschenke zu öffnen? Hast du ein Foto von dir und deinen Geschenken an Weihnachten oder an einem Geburtstag? Oder hast du gar keine guten Erinnerungen an Geschenke? Wurden deine Wünsche nicht erfüllt oder gab es dazu in deiner Familie nicht die finanziellen Mittel?

Gott möchte uns beschenken. Er ist ein Schenker. Auch wenn „Geschenke" bei dir negativ besetzt sind, wünsche ich dir, dass du heute den „Optimismus-positiv-Schalter" umlegst und versuchst, „Geschenke" positiv zu besetzen.

In der Bibel spricht Gott von Gaben, die uns der Heilige Geist schenken möchte. Es sind Geschenke von Gott, die unser Herz und unsere Seele betreffen. Geschenke, die wir uns zwar erbitten, aber nicht erkaufen können. Geschenke, die uns und anderen guttun. In Galater 5,22 ist von einigen dieser Geschenke die Rede:

„Der Geist Gottes bringt in unserem Leben nur Gutes hervor: Liebe und Freude, Frieden und Geduld, Freundlichkeit, Güte und Treue, Besonnenheit und Selbstbeherrschung."

Welche Geschenke hättest du gerne von Gott? Welche Frucht des Geistes würdest du gerne sehen und spüren? Was man von Gott bekommt, kann man anderen geben. Das ist das Prinzip von Saat und Ernte. Möge Gott eine gute Saat in dich legen und dir spürbar nah sein!

Frieden, Segen, Trost, Kraft, Stärke, Weisheit, Barmherzigkeit, Geduld, Liebe ... seien mit dir und mit uns allen, liebe Fasten-Gemeinschaft!Falls du heute jemandem etwas schenken möchtest (materiell gesehen oder auch Zeit, einen Gutschein, eine Einladung, ein Essen ...), dann tue es in dem Wissen, dass Gott selbst dich zuerst beschenken möchte! Vielleicht willst du auch den heutigen Impuls nutzen, um eine Osterüberraschung vorzubereiten?

Was für eine schöne Vorstellung, dass gerade überall in der Republik Päckchen gepackt werden und Schleifen gebunden!

Und wenn du dich noch intensiver mit dem Thema Geschenke beschäftigen möchtest: Als Filmtipp empfehle ich dir den christlichen Film „Das ultimative Geschenk"!

MONTAG

ERMUTIGUNG DURCH UNTERSTÜTZUNG

„Was ihr für einen meiner geringsten Brüder getan habt, das habt ihr für mich getan" (Matthäus 25,40).

Wer könnte deine Hilfe gebrauchen? Deine Kinder wünschen sich etwas mehr Hilfe und Geduld von dir bei den Hausaufgaben? Eine ältere Verwandte müsste längst mal wieder besucht werden, und durch ihre Wohnung kurz durchzusaugen, wäre auch schön? Den Fernsehabend eintauschen und der schwangeren Nachbarin die Wäsche bügeln? Oder doch am Samstag beim Umzug von Freunden dabei sein?

Immer wieder kommt mir in diesem Zusammenhang das Beispiel vom barmherzigen Samariter. Ich kann heute noch nachspüren, wie es für mich als Kind war, diese Geschichte aus der Bibel damals im Kindergottesdienst zu hören. Lesen wir die Geschichte, das Gleichnis noch mal:

Da stand ein Schriftgelehrter auf, um Jesus eine Falle zu stellen. „Lehrer", fragte er scheinheilig, „was muss ich tun, um das ewige Leben zu bekommen?" Jesus erwiderte: „Was steht denn darüber im Gesetz Gottes? Was liest du dort?" Der Schriftgelehrte antwortete: „Du sollst den Herrn, deinen Gott, lieben von ganzem Herzen, mit ganzer Hingabe, mit all deiner Kraft und mit deinem ganzen Verstand. Und auch deinen Mitmenschen sollst du so lieben wie dich selbst." – „Richtig!", erwiderte Jesus. „Tu das, und du wirst ewig leben."

Aber der Mann gab sich damit nicht zufrieden und fragte weiter: „Wer gehört denn eigentlich zu meinen Mitmenschen?" Jesus antwortete ihm mit einer Geschichte: „Ein Mann wanderte von Jerusalem nach Jericho. Unterwegs wurde er von Räubern überfallen. Sie schlugen ihn zusammen, raubten ihn aus und ließen ihn halb tot liegen. Dann machten sie sich davon. Zufällig kam bald darauf ein Priester vorbei. Er sah den Mann liegen und ging schnell auf der anderen Straßenseite weiter. Genauso verhielt sich ein Tempeldiener. Er sah zwar den verletzten Mann, aber er blieb nicht stehen, sondern machte einen großen Bogen um ihn. Dann kam einer der verachteten Samariter vorbei. Als er den Verletzten sah, hatte er Mitleid mit ihm. Er beugte sich zu ihm hinunter, behandelte seine Wunden mit Öl und Wein und verband sie. Dann hob er ihn auf sein Reittier und brachte ihn in den nächsten Gasthof, wo er den Kranken besser pflegen und versorgen konnte. Als er am nächsten Tag weiterreisen musste, gab er dem Wirt zwei Silberstücke und bat ihn: ‚Pflege den Mann gesund! Sollte das Geld nicht reichen, werde ich dir den Rest auf meiner Rückreise bezahlen!' Was meinst du?", fragte Jesus jetzt den Schriftgelehrten. „Welcher von den dreien hat an dem Überfallenen als Mitmensch gehandelt?" Der Schriftgelehrte erwiderte: „Natürlich der Mann, der ihm geholfen hat." – „Dann geh und folge seinem Beispiel!", forderte Jesus ihn auf (Lukas 10,25-37).

Mich hat es damals schon sehr beeindruckt, dass man es von manchen Menschen und Berufsgruppen überhaupt nicht erwarten würde, dass sie sich „herablassen" und helfen, und dann auch noch mit Zeit und Geld. Und nach wie vor macht es mich nachdenklich, wer tatsächlich mein Nächster ist und ob ich wirklich jedem helfen würde oder nur „sehr netten und sauberen Menschen" …

Wer ist „dein Nächster"? Halte kurz inne und frage dich und auch Gott, ob jemand gerade heute Hilfe benötigt … Ermutige jemanden, indem du Hilfe und Unterstützung anbietest. Indem du die Person siehst, wie Jesus sie sieht. Gesehen werden – das ist eine große Ermutigung!

DIENSTAG

GEMEINSAM ANDERE ERMUTIGEN

Märzküsse

März. Der Frühling kommt! Oder ist er schon da?
Es krokusst und es primelt
im Garten und am Bach.
Ein Spatzenpaar verkrümelt
sich selig unters Dach.

Nun wird sich alles wenden:
das Wetter und das Kleid.
Es duftet allerenden
nach Frühjahrsreinlichkeit.

Nun reimt sich westlich – östlich
so mancherlei auf „Lieb",
sogar – und das ist tröstlich –
das kleine Wort: Vergib!

Nun küsst der Wal die Walin,
die Nerzin küsst den Nerz,
ein Herr küsst die Gemahlin,
Kroküsse küsst der März.
James Krüss[4]

Pflanz doch heute mal eine Primel oder einen Krokus als Zeichen vom Frühling in ein schönes Gefäß (zum Beispiel in ein Herzförmchen oder eine schöne Schale) und schenk die Blume jemanden als Ermutigung. Schreibe dazu das amüsante Gedicht von James Krüss, einen Bibelvers, einen netten Gruß oder was du an der Person magst ... Ihr könnt auch ein „Auferstehungsfest" feiern – mit Schokoeiern, Hefezopf oder auch gekauftem Kuchen. Oder stell deine Blume einfach vor die Haustür, sodass du und der Postbote sich daran freuen könnt.

Oder ermutige jemanden gemeinsam mit anderen! Gründe eine kleine Gruppe mit Leuten aus der Gemeinde, mit Freunden oder der Familie und schenk jemandem auf der Straße oder im Seniorenheim eine schöne Frühlingsblume. Wer Segen gibt, empfängt Segen! Weihnachten ist es gang und gäbe, zusammen Ermutiger zu sein und als Gruppe im Seniorenheim zu singen. Mach es doch mal kurz vor Ostern!

WOCHE VIER

**MIT LECKEREIEN ...
WEIL'S SO EIN GESCHENK IST!**

MITTWOCH

KONSUMVERHALTEN – NEU DURCHDACHT

Es ist für uns in Europa so normal, täglich das kaufen zu können, was man braucht. Noch besser ist es, kaufen zu können, worauf man Lust hat. In Amerika sogar 24 Stunden jeden Tag. Es ist Luxus – ein Geschenk! Überhaupt nicht selbstverständlich!

Wir brauchen oft kein Essen, um satt zu werden, sondern wir kaufen, weil wir genießen wollen. Aus Lust, Appetit oder weil es so gesellig und schön ist. Danken wir Gott dafür! Und nutzen wir diese Fastenzeit, um bewusster mit unseren Lebensmitteln umzugehen. Lass uns den Rest dieser Woche etwas selbst herstellen, was wir richtig genießen können und wofür wir dankbar sind. Wir wollen es selbst tun, um uns bewusst zu machen, wie viel es eigentlich wert ist. Es kostet Kraft, Zeit und Geld. Und jeden Tag teilen wir unsere Leckerei mit jemandem, den wir besonders gerne mögen!

In der Fastenzeit geht es oft um Verzicht, meist auch im Kontext von „Essen und Trinken". So wie ich glaube, dass es Gott in der Bibel nicht genau um den zehnten Teil dessen geht, was wir geben sollen, wenn vom Zehnten die Rede ist, glaube ich auch, dass es Gott nicht darauf ankommt, wie akribisch wir unser Fastenvorhaben durchhalten! Ihm kommt es vielleicht eher auf die Herzenshaltung an. Auf das Bewusstmachen! Und worauf kommt es dir in der Fastenzeit an? Vielleicht auch um „bewusste Zeiten"? Um eine Phase, einen Zeitabschnitt von sieben Wochen, in denen Prioritäten verlagert werden und Aspekte anders betont werden? Kochen nicht nur, um satt zu werden, sondern mit einer kleinen Phase des Innehaltens und vielleicht sogar einem Gebet für die Menschen in dieser Welt, denen es nicht so gut geht?! „Entscheidend ist, dass man sich aufmacht."[5]

Heute wollen wir Gott von Herzen danken, dass wir sehr gut versorgt sind. Und wir wollen unser Konsumverhalten überdenken. Kaufst du viele Dinge, die viel Aufwand benötigen, um hergestellt zu werden? Hast du dich schon mal mit Tiertransporten, Züchtung, Genmanipulation, Fair Trade usw. auseinandergesetzt? Recherchiere doch heute mal, was dich in Sachen Essen interessiert: zum Beispiel die Herkunft von Kaffee oder wie es mit dem Weg von einer Apfelsine im Juni aussieht. Zudem überdenke mal, was du alles so wegschmeißt. Wie sieht es mit abgelaufenen Lebensmitteln aus? Was bedeutet „mindestens haltbar"? Viel Spaß beim Recherchieren! Kleiner Tipp: Das Internet bietet viele Informationen, ebenso Mediatheken bei „arte" und anderen Sendern.

Und sollte heute noch Zeit sein für ein „Resteessen" oder ein „Mindestens-haltbar-Vergnügen", dann genieße es! Fondue und Raclette eignen sich wunderbar dafür!

Vielleicht bekommst du bei allem Nachdenken und Recherchieren auch den Eindruck, dass du dich mal wieder gesünder ernähren könntest. Dann gibt es hier den nächsten Vorschlag: mit Salat und einem selbst gemachten Dressing sich besser fühlen und bewusster ernähren! Kauf dir einen Biosalat und genieß ihn einfach mit viel Kürbisöl, Salz und Pfeffer – da braucht man gar kein anderes Dressing! Oder sonst:

Zutaten:
Kräuter
Senf
Honig
Salz, Pfeffer
Zwiebel und Knoblauch ganz fein gehackt
Balsamico
Olivenöl

Zubereitung:
Alles nach Belieben zusammenmixen und abschmecken!

DONNERSTAG

BACK DOCH MAL – EIN BROT ODER BRÖTCHEN

Fünftausend werden satt

Danach kam Jesus an das andere Ufer des Galiläischen Meeres, das man auch See von Tiberias nennt. Eine große Menschenmenge folgte ihm, weil sie gesehen hatten, wie er Kranke heilte. Zusammen mit seinen Jüngern ging Jesus auf eine Anhöhe, und dort setzten sie sich. Das jüdische Passahfest stand kurz bevor. Als Jesus die vielen Menschen kommen sah, fragte er Philippus: „Wo können wir für alle diese Leute Brot kaufen?" Er fragte dies, um zu sehen, ob Philippus ihm vertraute; denn er wusste, wie er die Menschen versorgen würde. Philippus überlegte: „Wir müssten 200 Silberstücke ausgeben, wenn wir für jeden auch nur ein kleines Stückchen Brot kaufen wollten." Da brachte Andreas, der Bruder von Simon Petrus, ein Kind zu ihnen: „Hier ist ein Junge, der hat fünf Gerstenbrote und zwei Fische mitgebracht. Aber was ist das schon für so viele Menschen!" Jetzt forderte Jesus die Jünger auf: „Sagt den Leuten, dass sie sich hinsetzen sollen!" Etwa fünftausend Männer lagerten sich auf dem Boden, der dort von dichtem Gras bewachsen war. Dann nahm Jesus die fünf Gerstenbrote, dankte Gott dafür und ließ sie an die Menschen austeilen, ebenso die beiden Fische. Jeder bekam so viel, wie er wollte. Als alle satt waren, sagte Jesus zu seinen Jüngern: „Sammelt die Reste ein, damit nichts verdirbt!" Und die Jünger füllten noch zwölf Körbe mit den Resten. So viel war von den fünf Gerstenbroten übrig geblieben. Als die Leute begriffen, was Jesus getan hatte, riefen sie begeistert: „Das ist wirklich der Prophet, auf den wir so lange gewartet haben!" Jesus merkte, dass sie ihn jetzt unbedingt festhalten und zu ihrem König ausrufen wollten. Deshalb zog er sich in die Berge zurück, er ganz allein (Johannes 6,1-15).

Was sagt dir diese Geschichte? Wieso sind es immer zwölf? Warum nutzte Jesus ein Kind als Überbringer? Ist das für dich bildlich geschrieben oder glaubst du, dass es wirklich so geschehen ist und fünftausend Männer und zusätzlich ihre Familien satt wurden? Was verbindest du mit Brot?

....

....

Ich verbinde mit Brot: Vielfalt, teuer, aufwendig, lecker, frisch, geschnitten, nahrhaft, gesund, Körner, hält lange vor, Schulbrot, Knust, Enten füttern, belegen, toasten, Duft. Ein Geschenk von Gott. Eine Leckerei. Eine vielfältige Versorgung! Alte Menschen stippen sich Brot in heiße Milch oder Suppe, Babys kauen so lange darauf herum, bis es weich ist.

Backe ein Brot oder Brötchen! Stelle auf diese Weise etwas Gesundes her und verbreite einen guten Duft in deinem Zuhause! Alternativ kauf ein Brot oder toaste dein altes Brot, sodass es nicht weggeschmissen werden muss, oder mach Paniermehl draus oder verfüttere es an Enten oder Ziegen.

HIER EIN EINFACHES BROTREZEPT:

Zutaten:
400 g Mehl (Dinkelvollkorn)
100 g Mehl (Weizenvollkorn oder Buchweizen – sofern möglich)
80 g Sesam
80 g Sonnenblumenkerne
80 g Leinsamen
2 EL Essig (Obst- oder Weinessig)
2 TL Salz
500 ml lauwarmes Wasser
1 Würfel Hefe
Fett für die Brotform

Zubereitung:
Die frische Hefe im lauwarmen Wasser auflösen. Alle anderen Zutaten dazugeben und alles mit dem Mixer

(Knethaken) gut durchkneten. Den Teig in eine eingefettete Kastenform geben und in den kalten Backofen stellen. Bei 200 °C eine Stunde backen (Umluft 180 °C). Nach dem Backen sofort auf einen Gitterrost stürzen und abkühlen lassen.

Tipp: Eine feuerfeste Tasse mit Wasser in den Backofen stellen oder zwei bis drei Mal mit dem Backpinsel Wasser auf das Brot streichen!

FREITAG

MARMELADE – SELBST GEKOCHT!

Früchte an Bäumen haben für mich etwas Paradiesisches! Was ist für dich paradiesisch? Wenn man sich an der Natur bedienen kann, wenn man einfach etwas von Bäumen und Sträuchern pflücken kann, wenn man im Urlaub Zitronen pflückt und Kiwis erntet, wenn man im Spätsommer Äpfel, Himbeeren, Brombeeren, Birnen, Pflaumen und vieles mehr in heimischen Gärten ernten kann. Das ist paradiesisch!

Selbst gekochte Marmelade schmeckt fast jedem besser als gekaufte. Jetzt ist Winter. Es gibt eigentlich gar nichts, was man gerade ernten kann – zumindest in Deutschland. Aber tiefgefroren gibt es alles bei uns. Gönn dir doch heute ein Stück Summerfeeling und koch aus tiefgefrorenen Früchten Marmelade. Schmecke ein wenig den Sommer, die Jahreszeiten, das Paradies. Und wenn du keine Zeit dafür hast oder das wirklich nicht dein Ding ist, kauf dir eine richtig gute Marmelade. Oder hol dir eine Packung tiefgefrorene Früchte aus der Tiefkühltruhe, koch sie auf und genieße sie mit Eis oder Pudding. Mmh, lecker! Was für ein Geschenk!

„Denn es gibt keinen guten Baum, der faule Frucht trägt, und keinen faulen Baum, der gute Frucht trägt"
(Lukas 6,43; LUT).

Früchte sind etwas Tolles. Ein Geschenk. Ein Obstkorb ist eine Augenweide und ein Gaumenschmaus! Findest du es erstrebenswert, selbst gute Früchte zu tragen? Jesus vergleicht uns als seine Nachfolger immer wieder mit Früchten (er ist der Weinstock, wir sind die Reben, vgl. Johannes 15) und fordert uns auf, dass wir gute Frucht bringen sollen.

Welche deiner Eigenschafen und Fähigkeiten bereichern („befruchten") deiner Meinung nach diese verrückte Welt?

....

....

Fühlst du dich als „fauler Baum" mit schrumpeligen Früchten? Dann erzähle das Gott. Er mag „freche Früchtchen" und frisches Obst!

Ich lade dich ein, folgendes Gebet zu sprechen:
Herr, wie gerne möchte ich selbst gute Früchte in diese Welt bringen! Du weißt, wie es mir geht. Ich habe oft das Gefühl, gar nichts geben zu können. Auch weißt

du, dass es da Dinge gibt, die mir ein schlechtes Gewissen machen, weshalb ich mich eher zu einem faulen Baum zähle als zu einem guten Baum. Doch du hast gute Gedanken über mich. Du magst nichts Faules und Vergortes. Bitte schenk mir neue Frische und lass mich gute Früchte tragen. Ich vertraue dir jetzt die Situationen an, die sich für mich faul anfühlen:

....

Amen.

SAMSTAG

GENIESSE DIE OSTERZEIT MIT PLÄTZCHEN ODER MUFFINS!

Der Familien-Arbeitspause-Wochenende-Einkaufs-Tag ist da! Jippie! Zeit für einen ausgiebigen Bummel durch den Supermarkt! Geh doch heute mal mit dankbarem Herzen, offenem Blick und einem kleinen Gebet auf den Lippen durch den Supermarkt – alleine oder mit Freunden oder als Familie oder auch einem Kind. Danken wir für die Vielfalt. Freuen wir uns an der Verpackungsindustrie. Danken wir der Kassiererin – oder wünschen ihr wenigstens einen schönen Tag!

Heute ist Zeit fürs Freunde-Familien-Backen! Kauf schöne Zutaten, vielleicht sogar lustige Sachen zum Verzieren. Oder eine Backmischung. Bald ist Ostern, und vielleicht hast du Lust, ein Osterlamm oder einen Osterhasen zu backen. So wie wir zu Weihnachten Plätzchen backen, könntest du heute doch Osterplätzchen backen. Weihnachten und Ostern gehören zusammen! Ohne Jesu Geburt hätte er nicht sterben und wieder auferstehen können. Ich lade dich ein, heute Jesus-Geburtstags-Auferstehungs-Plätzchen zu backen und dich an aller Verzierung zu freuen. Hier ist das passende Rezept:

Zutaten:
60 g Butter
60 g Zucker
1/2 Pck. Vanillinzucker
1 Prise Salz
1 Ei
1 TL Rum
40 g gemahlene Nüsse
40 g Mehl
40 g Speisestärke
1 TL Backpulver
Puderzucker oder Glasur oder eine andere Verzierung

Zubereitung:
Alles nacheinander in die Schüssel geben und gut mit dem Mixer verrühren. Die Plätzchen 10 bis 15 Minuten bei 180 °C Umluft backen.

SONNTAG

FREUE DICH – ÜBER SELBST GEMACHTE PIZZA

Der heutige Sonntag heißt „Laetare" – „Freue dich". Also: „Freue dich!" Freue dich an diesem Tag der Ruhe, dem siebten Tag der Woche. Dem Tag, der dafür gedacht ist, nicht zu arbeiten, Zeit für sich, die Familie und Gott zu haben. Die Seele baumeln zu lassen – und sich zu freuen!

Warst du heute im Gottesdienst? Oder gehst du heute noch in den Gottesdienst? Was wird es heute zu essen geben? Welche Leckerei wird dir zum Sonntagssegen? Müssen Reste verwertet werden? Dafür eignet sich zum Beispiel eine selbst gemachte Pizza.

Zutaten für den Pizzateig:
200 ml lauwarmes Wasser
1 Würfel Hefe
400 g Mehl
1 TL Zucker
2 TL Salz
4 EL Öl

Zubereitung:
Alles mischen, einen Teig kneten, zugedeckt 30 Minuten stehen lassen, ausrollen. Nach Wunsch belegen. (Mein derzeitiger Favorit: Süßkartoffeln in dünnen Scheiben roh auf die Pizza legen, Pinienkerne und Olivenöl darauf verteilen, ein paar Scheiben Mozzarellakäse dazwischenlegen, alles salzen und pfeffern, fertig!)

Hast du für eine selbst gemachte Pizza keine Zeit? Ist es eine Herausforderung? Hast du keine Lust? Du kannst natürlich auch mit Freunden nach dem Gottesdienst Pizza essen gehen – in Gedanken an alle, die heute diesen Fastenkalender auch lesen. Es sei dir überlassen, wie du heute mit einem Pizzateig dem Essen und der Versorgung Gottes Wertschätzung beimisst.

Wenn jemand für dich einen Pizzateig macht, wenn jemand für dich diesen belegt, bedenke, was es für eine Arbeit ist. Dieser Pizzabäcker arbeitet heute, während viele andere „ruhen". Das ist ein „Danke" wert!

Ich wohne in einem Kurort. Hier haben jeden Sonntag alle Supermärkte und Geschäfte auf wie auch in vielen anderen Kurorten und Urlaubsregionen. Wie viele Menschen arbeiten sonntags, damit es anderen Menschen gut geht und diese sich an den Leckereien erfreuen können?! Die Gastronomie ist ein hartes Geschäft! So viele Menschen rennen, damit der Gast glücklich ist. Etliche kochen, damit es vorzüglich schmeckt. Cafés haben auf, Eisdielen, Ausflugslokale, Kioske, Schwimmbadbüdchen, Zookioske, Tankstellenbistros, Autobahnrestaurants, Krankenhauscafeterias … Ganz zu schweigen von all dem Personal, das sich um Menschen sorgt und kümmert. Ich denke an Menschen im Kranken- und Pflegebereich, an Radiomacher, Fernseh- und Redaktionsleute, Tankwarte und viele kreative Menschen, die sonntags lustige Ausflugsmöglichkeiten anbieten in Museen, Tierparks, Sportvereinen, Kirchen, Theater usw. Und fast überall werden auch Leckereien angeboten.

Hast du heute einen Pizzateig selbst gemacht? Hast du die Pizza alleine genossen oder mit anderen? Ist das Blech leer? Hast du den Teig vielleicht verwendet, um am

Abend über einem Feuer Stockbrot zu backen? Wir sind so beschenkt und haben so viele unterschiedliche Möglichkeiten, Essen zu genießen. So bunt und individuell, wie eine Pizza ist, so ist das Essen weltweit. Unvorstellbar, dass in vielen Ländern dieser Welt die Menschen jeden Tag das Gleiche essen. In vielen Ländern haben die Menschen manchmal gar nichts zu essen. Und es gibt viele Menschen, die nur wenig haben und das Wenige noch teilen!

„Freue dich" an deiner Pizza, an diesem Tag, an der Vielfalt an Essen und Möglichkeiten, schöne Dinge zu tun. Heute ist Laetare-Sonntag! Freue dich!

MONTAG

EIN TAG MIT SUPPE, FRISCH PÜRIERT!

Hast du einen Garten? Zeit, Platz und Muße, Gemüse selbst anzubauen? Wie sind die Pläne für diese Saison? Wie immer oder experimentierfreudig? Oder ist es dir viel zu viel Arbeit? Gemüse ist nicht so dein Ding? Du hast schon so viel gehört und gelesen und bist total verunsichert? Heute wollen wir uns mal bewusst mit dem Thema Gemüse auseinandersetzen.

Wie ist eigentlich deutschlandweit der Umgang mit Gemüse? Ich sah eine Reportage über Selbstanbauer. Drei verschiedene gesundheitsbewusste Leute wurden mit der Kamera begleitet. Ein Mann baute seine bunte Vielfalt nahe einer Autobahn an. Eine junge, hoch ambitionierte Bio-Frau gärtnerte in der Nähe eines Flughafens. Und begleitet wurde eine weitere Person, die 30

Kilometer entfernt von der nächsten Stadt wohnt, mitten auf dem Land. Und wie waren die Bleiwerte der mit viel Zeit, Liebe, Geduld und Mühe getesteten Ergebnisse der drei unterschiedlichen Anbaugebiete in Deutschland? Alle drei waren katastrophal! Das hat mich sehr verunsichert.

Nicht nur Lebensmittelskandale wie die Dioxin-Fälle oder Ehec, auch das gestiegene Körperbewusstsein der Verbraucher hat in den letzten Jahren zu einer stärkeren Orientierung an einer gesunden Ernährung geführt. Ernährungsexperten raten im Zuge dessen zu einem regelmäßigen Konsum von Obst und Gemüse. Die Deutsche Gesellschaft für Ernährung empfiehlt sogar, insgesamt fünf Mal pro Tag Obst und Gemüse zu verzehren. Allerdings leistet nur die Minderheit der Verbraucher diesem Rat Folge. Die Altersgruppe der über 46-Jährigen greift am häufigsten zu natürlichen Produkten.

Während ab dem Jahr 2007 ein deutlicher Ernährungstrend der Konsumenten hin zu Bioobst und Biogemüse zu verzeichnen war, ist die Einkaufsmenge der privaten Haushalte von Obst, Gemüse und Kartoffeln zwischen 2009 und 2011 um rund 300.000 Tonnen gesunken.

Das Bundesministerium für Ernährung, Landwirtschaft und Verbraucherschutz schätzt die Lebensmittelabfälle im deutschen Lebensmitteleinzelhandel auf 550.000 Tonnen pro Jahr. Diese Zahl lässt sich insbesondere auf die Beurteilungskriterien der Verbraucher beim Einkauf zurückführen. Denn gerade die Frische und das Aussehen von Obst und Gemüse beeinflussen die Kaufentscheidung der Kunden am meisten.

Lass uns heute starten, Gemüse ganz bewusst wertzuschätzen. Vitamine sind wichtig! Deshalb ist es am besten, Gemüse roh zu essen oder es nur kurz zu garen. Achte auch darauf, nicht zu viel Abfall zu verursachen. Schrumpeliges Gemüse eignet sich wunderbar, um daraus Suppen zu pürieren. Dazu musst du nur allerlei Gemüse in den Topf geben, alles kochen, pürieren, mit Salz, Pfeffer und anderen Gewürzen abschmecken, fertig! Ich nehme ab und zu gern noch etwas Wein, Brühe, Kürbisöl und Sahne hinzu. Koch dir doch heute ein Süppchen! Welches Gemüse muss weg? Welches Gemüse findest du lecker?

DIENSTAG

GENIESSEN MIT KUCHEN, TORTE ODER WAFFELN

Als mein Vater meine Mutter heiratete, wünschte er sich, dass sie eine Tradition seiner Mutter fortsetzte: Jeden Tag sollte es Torte geben. Torte, nicht Kuchen! Mein Vater war das von zu Haus so gewohnt. Er kommt vom Bauernhof und meine Oma hat noch bis ins hohe Alter jeden Tag eine Torte, später auch Kuchen, gebacken. Damals waren oft bis zu 15 Leute am Tisch, da musste es ordentlich lecker zugehen. Wenn es Erdbeertorte gab, teilte sich mein Vater mit seinem Bruder eine ganze Torte, und meine Oma musste zwei backen.

Wie heißt es so schön? Die meisten Menschen haben entweder ein Faible fürs Backen oder fürs Kochen – selten für beides. Meine Mutter war da eher von der Fraktion „Kochen". In frühen Ehejahren versuchte sie sich dennoch an Kuchen und Torten. Doch es gelang fast nie. Immer schwamm alles unter dem Tortenring durch, statt

Plätzchen hätte man auch Steine essen können, der Topfkuchen war nur mit Butter und Marmelade genießbar und ein Tortenboden blieb meist übrig, wenn der Belag runtergelöffelt war. Oft wurde der Bauernhof nebenan, also meine Oma, angesteuert. Irgendwann stiegen meine Eltern auf den Bäcker um. Für uns drei Kinder war es ganz normal, dass es jeden Tag gekauften Kuchen bzw. Torte gab. Wenn meine Eltern von der Arbeit nach Hause fuhren, hielt einer von ihnen beim Bäcker an und es gab zum Abendbrot immer eine Kombination aus Torte, Kuchen und frischem Brot – bis heute.

„Der Apfel fällt nicht weit vom Stamm." Wenn ich ab und zu mit einer meiner Schwestern am Nachmittag telefoniere, kommt es häufig vor, dass jene gerade beim Bäcker war und sich ein süßes Stückchen geholt hat. Selbiges Ritual gibt es in meiner jetzigen Familie. Wie oft schnappe ich mir unseren Kleinen und düse mal schnell zum Bäcker. Leider ähneln meine Backversuche selten dem Bild im Rezept. Ich weiß also umso mehr zu schätzen, was für eine Arbeit es ist, einen Kuchen bzw. eine Torte zu backen.

Da wir diese Woche ja ganz bewusst essen und genießen wollen, lass uns bewusst machen, wie viel Arbeit ein Kuchen ist und wie schnell dieser verputzt ist. Wenn du heute Zeit hast, back doch einen Kuchen! Oder eine Torte, Muffins oder Waffeln. Wenn du keine Zeit hast oder nicht zu der Fraktion Bäckermeister/-in gehörst wie meine Mutter und ich, dann kauf dir ein schönes Teilchen und genieße es mit Lust und Muße. Vielleicht beim Bäcker, im Café, mit einer Zeitschrift, einem schönen Heißgetränk und/oder in netter Gesellschaft oder mit Gott allein.

Hier ist ein Rezept für sehr leckere Waffeln, die sogar bei mir richtig gut werden! Hauptsache: Mineralwasser und Amaretto!

Zutaten:
300 g Mehl
2 TL Backpulver
50 g Zucker
2 Pck. Vanillinzucker
1 Pr. Salz
200 g Butter oder Margarine
6 Eier
1/8 l Milch
einen guten Schuss Amaretto

Zubereitung:
Alles verrühren und so viel Mineralwasser unterrühren, bis er fluffig wird! Dann den Teig nach und nach im Waffeleisen backen.

WOCHE FÜNF

**MIT HERZENSLUST ...
WEIL'S GOTT ENTSPRICHT!**

MITTWOCH

GENUSS MIT HERZENSLUST

Herzenslust. Das Herz quillt über. Freude in Fülle. Voller Inbrunst. Herrlich! Ich liebe dieses Wort! Ich liebe es, in der Kirche zu sein und voller Inbrunst die Menschen singen zu hören. Am liebsten Gospel und vorzugsweise in Afrika oder Amerika. Da ist so viel Herzenslust. Da ist Gott besonders spürbar und das Herz geht über vor Glück! Was für ein wohltuender Gedanke, dass auch wir das erleben können. Das Herz geht über. „Du meine Seele, singe, wohlauf und singe schön" (Paul Gerhardt). „In dir ist Freude in allem Leide, o du süßer Jesu Christ" (Cyriakus Schneegaß). „Oh happy day" (Edwin Hawkins). Da bekommt man Lust zu singen. Voller Inbrunst, voller Herzenslust! Das findet Gott, glaube ich, ziemlich gut.

In der Bibel gibt es einen sehr großen Teil, der komplett aus Liedern besteht. Direkt in der Mitte der Bibel – im Zentrum. David ging es von der Stimmung und den Umständen eigentlich schlecht und er wollte klagen, weinen, schreien, sogar sterben. Doch weil wir es mit einem „Querdenker-Gott" zu tun haben, konnte David (und einige andere) alle Traurigkeit raus- und wegsingen. Die Rede ist von den Psalmen! Gott hat uns geschaffen. Wie viel mehr weiß unser Schöpfer, was uns guttut! Wie sehr weiß er, dass Singen der Seele guttut! Er ist ein Gott, der sich mit Herzenslust an seinen Menschenkindern freut – wenn sie singen, lachen, tanzen, das Leben genießen.

Ich bin vergnügt, erlöst, befreit.
Gott nahm in seine Hände meine Zeit,
mein Fühlen, Denken, Hören, Sagen,
mein Triumphieren und Verzagen,
das Elend und die Zärtlichkeit.

Was macht, dass ich so fröhlich bin
in meinem kleinen Reich?
Ich sing und tanze her und hin
vom Kindbett bis zur Leich.

Was macht, dass ich so furchtlos bin
an vielen dunklen Tagen?
Es kommt ein Geist in meinen Sinn,
will mich durchs Leben tragen.

Was macht, dass ich so unbeschwert,
und mich kein Trübsal hält?
Weil mich mein Gott das Lachen lehrt
wohl über alle Welt.
Hanns Dieter Hüsch[6]

Lass uns diese Woche voller Herzenslust das Leben genießen! Was gehört für dich zu „Genuss mit Herzenslust"?

....

....

....

Was hast du geschrieben? Vielleicht „Wein trinken"? Oder „Trampolin springen"? Oder „nix tun"? Oder „in der Hängematte liegen"? Dann ist das heute dein Tag! Enjoy the day. Gott lächelt dir zu und viele Hunderte von Menschen, die heute diesen Fastenkalender lesen, ebenso!

DONNERSTAG

AB INS KINO!

Bei uns zu Hause gab es früher die (unausgesprochene, aber für alle spürbare) Regel, dass der Fernseher erst eingeschaltet wird, wenn es dunkel wird – und im Sommer fast nie. Samstags war tagsüber an Fernsehen gar nicht zu denken, da hieß es „Arbeitseinsatz". Alle gingen nach draußen, auch wenn Freunde da waren, und es wurde Holz aufgestapelt, Rasen gemäht, der Pferdestall ausgemistet, der Hof gefegt, Blumen wurden gepflanzt usw. Alle gingen erst gemeinsam wieder ins Haus, wenn alles fertig war; so lange half man sich gegenseitig. Abends schauten wir gemeinsam Fernsehen und es gab Schnittchen. (Gefühlt kam jeden Samstag „Wetten, dass …?". Und „Forsthaus Falkenau"!).

Ich habe das so verinnerlicht, dass ich auch heute den Fernseher nicht einschalten kann, wenn es draußen noch hell ist. Es ist sogar noch „schlimmer"! Wenn die Sonne scheint, kann ich gar nicht im Haus sein, und ich habe vernichtende Gedanken, wenn ich sehe, dass jemand am helllichten Tage vor dem Fernseher sitzt. Umso mehr ist es für mich „Luxus", einen Film zu schauen. Durch diese „Arbeitssamstage", die ich in der Kinder- und Jugendzeit kennengelernt habe, muss ich mich manchmal richtig zusammenreißen, abends aufs Sofa zu gehen, auch wenn noch nicht alles erledigt und fertig ist. Das ist es nämlich nie. Umso schöner ist der Moment, wenn ich auf dem Sofa sitze, etwas Leckeres vor mir steht, die Decke mich wärmt und ich weiß, dass ich jetzt eineinhalb Stunden nichts machen werde. Mit Herzenslust nixtun – nur Film schauen!

Genau das gleiche Gefühl überkommt mich im Kino. Deshalb ist es Luxus und eine echte Auszeit für mich, mit Herzenslust im Kino zu sitzen. Wie auch immer du heute deine Film-Auszeit gestaltest – mit einem Kinobesuch, einem Film im Fernsehen bzw. auf DVD oder auch nur mit einem Clip auf dem Smartphone oder einer Sendung in einer Mediathek – genieß es! Es ist deine Zeit! Es muss nicht alles immer effizient und arbeitsorientiert sein! Sitzt du im Kino? Dann genieße den Duft von Popcorn – wenn du es dir nicht selbst kaufen möchtest, dann inhaliere den Duft von Popcorn. Gratis!

FREITAG

MIT HERZENSLUST TANZEN

Ich finde es so sympathisch, dass wir es mit einem Gott zu tun haben, der nicht nur öfter in der Bibel Wert darauf legt, dass gefeiert wird, Wein genossen wird und Musik dabei ist, sondern dass auch immer mal wieder vom Tanzen die Rede ist. Im Alten Testament und den Psalmen ganz oft, aber auch Jesus schien es wichtig zu sein. Tanzen scheint ganz selbstverständlich zu jedem Fest dazuzugehören:

„Als der Zug sich wieder in Bewegung setzte, tanzte David voller Hingabe neben der Bundeslade her, um den Herrn zu loben" (2. Samuel 6,14).
„Tanzt zu seiner Ehre, und schlagt den Rhythmus auf dem Tamburin! Spielt für ihn auf der Harfe" (Psalm 149,3).
„Jedes Ereignis, alles auf der Welt hat seine Zeit: Weinen und Lachen, Klagen und Tanzen" (Prediger 3,1.4).
„Bei diesem Festessen tanzte die Tochter der Herodias. Herodes und seine Gäste waren begeistert. Der König versprach ihr deshalb: ‚Bitte mich, um was du willst; ich will es dir geben'" (Markus 6,22).
„Inzwischen kam der ältere Sohn nach Hause. Er hatte auf dem Feld gearbeitet und hörte schon von Weitem die Tanzmusik" (Lukas 15,25).

Tanzen … für viele ein Graus! Vielleicht hast auch du schon einen Tanzkurs hinter dir. Ich kann mich gut an meine Tanzkurse erinnern. Die ersten zwei Tanzkurse waren zu Schulzeiten. Ich war immer total aufgeregt, etwas falsch zu machen. Ich fühlte mich dick, hässlich und dachte, ich sei der einzige Mensch auf der Erde, der immer beim Tanzen verschwitzte Hände hat. Das war oberpeinlich für die coolen Jungs, die mich auffordern mussten.

Dann kam der Tanzkurs mit meinem jetzigen Mann. Jedes Mal gab es Streit. Entweder weil wieder nicht klar war, dass ich ja immer recht habe, oder weil irgendwer von uns beiden (ich glaube, immer er) mal wieder die Geduld verlor. Und dann das ständige Vergleichen mit den anderen Paaren! Während sie über die Tanzfläche glitten, sahen wir aus wie zwei Elefanten, die einen auf

Roboter machen. Ich wollte weitermachen, er wollte abbrechen. Das Thema Tanzen ist also bei uns nur halb gut besetzt.

Dabei ist Tanzen so schön! Ich stelle mir vor, dass Jesus Tanzen mit solchen Dingen in Verbindung bringt: ausgelassen sein, ausprobieren, lachen, frei sein, Rhythmus, Bewegung, Spaß. Was verbindest du mit Tanzen? Vielleicht sogar eine sehr enge, christlich-moralische Prägung? Elternhaus und Gemeinde haben dein Bild vom Tanzen verdreht, sodass du dich gar nicht mehr traust zu tanzen? Dein Körpergefühl ist nicht das Beste, weshalb dir Tanzen peinlich ist? Dann sage ich dir was: Diese Fasten- und Passionszeit wollen wir doch mit guten Gefühlen erleben. Ohne Verkorkstheit.

Deshalb lade ich dich ein, folgendes Gebet zu sprechen, falls du dich in Sachen „Tanz" gefangen fühlst:
Jesus, du weißt, wie es mir geht, wenn ich an Tanz denke. Ich fühle mich gefangen. Meine Prägung lähmt mich. Verbotsschilder leuchten auf. Ich fühle mich zu dick und unattraktiv, um mich auf eine Tanzfläche zu begeben. Ich bitte dich, dass du mich berührst. Ich bringe alle unguten Gefühle und Gedanken über mich ans Kreuz. Du willst Freiheit. Bitte schenk mir diese Freiheit, Heilung, Ausgelassenheit. Vielen Dank. Amen.

Jesus will frei machen! Von Herzen wünsche ich dir Auferstehungsfreude! Und nun tanz los – im eigenen Wohnzimmer, beim Lied in der Küche oder wenn du mit Freunden ausgehst, vielleicht mit (Tanz-)Partner …

SAMSTAG

LACH DICH FREI!

… denn das steckt an! Schau dir mal Komiker auf Youtube an, zum Beispiel Hape Kerkeling oder Anke Engelke.

Na, ich habe gut reden? Einfach so lachen? Das ist ja albern, gekünstelt. Das geht nicht einfach so. Stimmt! Meist gehört dazu eine gute Gemeinschaft. Eine ausgelassene Stimmung. Muss es bei dir immer tief gehend und persönlich sein? Hat ein Treffen für dich weniger Bedeutung, ja vielleicht sogar verlorene Zeit, wenn es nicht tief gehend persönlich war? Vielleicht sollte auch über den Glauben gesprochen werden?

Ich hatte viele Jahre diesen Anspruch. Nachdem ich ein Kind bekommen habe und kaum noch Zeit ist für stundenlange Telefonate oder „Primetime-Treffen" mit Freundinnen eine Seltenheit und somit ein großer Schatz sind, weiß ich manches anders zu schätzen. Ich mag inzwischen die „Easy-peasy-Treffen". Es ist etwas Besonderes, wenn man an einem Nachmittag noch ein paar persönliche Worte gewechselt hat, während die Kinder schön spielen. Inzwischen ist mir ein tiefes Gespräch manchmal viel zu anstrengend und ebenso die Frage: „Wollen wir noch eben dafür beten?", während die Kinder quengeln und müde sind. Dann denke ich oft: „Nein, wollen wir nicht! Gott war ja da und hat unsere Gespräche gehört." Früher fand ich es super, wenn nach einer Begegnung eine sogenannte „Feedback-SMS" kam. Nach dem Motto „Schön war's" oder „Sorry, dass ich nicht aufmerksam genug war". Seitdem ich die letzte Feedback-SMS bekam, die sicher mehr als lieb gemeint war, mag ich auch keine Feedback-SMS mehr: „Schön, dass du da warst, nächstes Mal haben wir hoffentlich mehr Zeit, persönlich zu werden." Inzwischen stresst mich so was. Es löst in mir Druck aus, zwischen Kindern und Alltag auch noch Ansprüchen gerecht zu werden à la „nachfragen, nachhören, aufmerksam sein". Ich mag gerade Begegnungen der Art „easy-peasy", wo man einfach sein darf.

Ich spreche inzwischen nicht nur über andere Sachen, ich lache auch über andere Sachen. Früher in der Kinder- und Jugendarbeit habe ich viel gelacht und oft einen Lachanfall bekommen – meist verbunden mit Verkleidung & Co. Heute lache ich am meisten über Kinder.

Worüber kannst du aus vollem Herzen und nach Herzenslust lachen? Vielleicht reicht ja auch der tiefe Wunsch danach. Ich wünsche uns „Herzenslust-Lachen" und freue mich jetzt schon auf den nächsten Lachanfall!

SONNTAG

HAST DU EIN HOBBY?

„Ja, das ist lange her!"
„Mal schauen, wann ich dazu mal wieder komme!"
„Im Keller müsste es stehen!"
„Ach, ich weiß gar nicht mehr, wo ich das hab!"
„Ja, früher, da habe ich mal …"
„Als ich noch schlank war …"
„Als wir noch keine Kinder hatten …"
„Als ich noch jung war …"

Kommt dir einer der Sätze oder ein ähnlicher bekannt vor? Was ist dein häufiger Satz, wenn du an ein Hobby denkst?

....

....

Ich habe Momente, in denen ich denke, dass ich gar nichts richtig kann. Von allem etwas, aber nichts richtig super so wie ein Computerprofi, der Supertänzer, die Topnäherin, die Spitzen-Klavierspielerin, der fantastische Koch, die großartige Bäckerin … Als wir früher als Kinder Hobbys ausprobieren durften, haben meine Geschwister und ich immer nur etwas zwei oder drei Mal ausprobiert, aber wenig durchgehalten. Ballett habe ich sechs Jahre gemacht. Danach hat die Ballettlehrerin zu meinem Vater gesagt: „Also, Herr Emptmeyer, bei dem Kampfgewicht kann ich aber Ines nicht auf die Spitze lassen." Das war super für mein 12-jähriges Selbstbewusstsein! Aber es half mir, in über 20 Jahren Kinder- und Jugendarbeit immer wieder die dickeren Kinder zu ermutigen, und ich konnte mich gut in sie hineinversetzen!

Was habe ich damals nicht alles ausprobiert: Theater, töpfern, schwimmen, Blockflöte spielen, Leichtathletik, Jazztanz, Tennis, Tischtennis, reiten, Klavier und Gitarre spielen. Ein großer Blumenstrauß der Hobbys. Und heute? Heute kann ich von allem etwas. Auch schön! Manchmal erscheint mir das so, wie heute das Leben ist: von allem etwas und eine große Vielfalt. Viele kleine Urlaubstrips statt eines langen Urlaubs – wenn das Hotel nicht gut ist, schnell umbuchen und auf zu etwas Besserem. Viele günstige Schmuckstücke statt eines besonderen Rings – wenn ein Ohrring verloren geht, direkt ein neues Paar kaufen. Hunderte von Fernsehprogrammen – ist etwas langweilig, weiterzappen. Viele technische Geräte – ist etwas kaputt, gleich etwas Besseres und Größeres kaufen! Brot, Lebensmittel, Säfte, Alkohol, Partys, Filme, Gemeinden – von allem gibt es heutzutage eine riesige Auswahl.

Eltern freuen sich, wenn ihr Kind stundenlang mit Lego spielt und nicht alle drei Minuten etwas Neues will. Doch wir leben es häufig anders vor. Ist der Job langweilig oder sitzt mir etwas quer, suche ich mir einen neuen. Gefällt mir ein Handy nicht mehr, kaufe ich mir einfach ein neues. Ist das Wohlstands-Anspruchs-Verhalten? Oder ist das Prägung? Geht's uns zu gut? Gefährlich wird's in Sachen Partnerschaft und Beziehung. Wird es doof oder langweilig, auf, auf zu neuen Ufern. Was für eine Gesellschaft!

Doch wir wollen nicht klagen oder schwarzmalen. Wir wollen in all dem das Gute sehen. Es sind ja wahnsinnig viele tolle Möglichkeiten und es liegt an uns, daraus weise zu selektieren.

Such dir heute ein Hobby aus, das du lange mal wieder machen wolltest. Wenn es irgendwie möglich ist, mach es heute einfach! Heute ist Sonntag. Gott hat dir und uns diesen Tag eingeräumt, um genau das heute zu tun! Viel Spaß beim Nähen, Stricken, Löcher-in-die-Luft-Gucken, Basteln, Sägen, Radeln, Schwimmen, Blumenpflücken, Wii-spielen, Lesen ... Genieße es – mit Herzenslust!

MONTAG

MIT HERZENSLUST TRINKEN UND ESSEN

In der vierten Woche haben wir bereits bewusst und dankbar gegessen und genossen. Was ist davon geblieben? Ist es so wie nach einem Urlaub in einem Land, wo die Menschen nicht so reich sind? Man fliegt nach Hause und denkt, man ist im Paradies, wenn man den eigenen Kühlschrank zu Hause füllt. Und nach ein oder zwei Wochen ist alles wie weggeflogen und wieder selbstverständlich.

Was ist geblieben von deiner bewussten Haltung dem Essen gegenüber? Heute wollen wir uns noch mal eine Sache nehmen und sie richtig genießen! Eine Praline auf der Zunge zergehen lassen oder lange am Glas Sekt nippen oder den Milchschaum richtig zwischen den Zähnen hin und her ziehen. Vielleicht kochst du heute Abend auch ein besonderes Essen oder genießt eine leckere heiße Schokolade mit Sahne nach getaner Arbeit. Ach, was geht's uns gut. Was sind wir beschenkt. Da geht das Herz auf! Mit Herzenslust darf ich in aller Dankbarkeit von ganzem Herzen diese Praline genießen. Praise God. Das Leben ist schön. Ich bin ein gesegneter Mensch! Halleluja!

Freust du dich schon auf Ostern? Deine Auferstehungsfreude kannst du mit einem richtig tollen Frühstück und kreativen Osternestern zum Ausdruck bringen – und vielleicht andere dazu einladen! Vielleicht bist du inspiriert und du gehst heute schon leckere Sachen dafür einkaufen oder suchst Rezepte raus. Auf das Nugat-Ei, fertig, los!

DIENSTAG

MUSSE TUT GUT

Was arbeitest du? Von wann bis wann arbeitest du? Jetzt würde ich gerne mit dir einen Plausch halten! In manchen Firmen gibt es Personal oder auch externe Berater, die nur dafür da sind, dafür zu sorgen, dass es den Mitarbeitern gut geht. Da werden Stühle und Schreibtische den körperlichen Bedürfnissen angepasst, da gibt es Kurse für Muskelentspannung, Work-Life-Ballance, Körperhaltung und Gehirnjogging. Massagen gehören auch zum Repertoire. Was hält dich fit auf der Arbeit? Immer eine Flasche Mineralwasser, Tee und Obst? Alle zwei Stunden mal eben strecken und eine kurze SMS verschicken? Nach dem Schichtdienst aufs Ohr legen? Nach der Arbeit joggen? Die Mittagspause für ein Schläfchen nutzen?

Durch meinen Mann habe ich ein Wort kennengelernt, das mir bisher fremd war: „Muße" – Dinge mit Muße tun oder leben mit Muße. Am Anfang fand ich das unglaublich dekadent und opamäßig. Wie kann man denn so viel Zeit vergeuden mit Nixtun? Doch mit der Zeit habe ich mir manches von ihm abgeguckt. Bei mir muss alles immer einen Sinn haben. Ein Schläfchen am Tag gibt es nicht. Etwas lesen, was zu nix führt, empfinde ich als unsinnig, und uneffektiv ist für mich ganz vieles. „Müßigkeit" habe ich begonnen zu genießen, als der Druck weg war, aus jeder Begegnung mit einem Menschen immer Quality-Zeit sein und ein weiterführendes, tiefes Gespräch werden zu lassen. Ich tauschte nun öfter den inneren Fragenkatalog gegen eine Klatschzeitschrift, wenn ich mit meinem Mann oder einer Freundin im Café war, und auf dem Sofa zückte ich eher die Fernbedienung als das Losungsbuch. Öfter hörte ich in letzter Zeit: „Du bist ja so entspannt geworden, ist das angenehm" oder „Es ist so easy mit dir".

Mit Muße Beziehungen pflegen – ich bin auf einem guten Weg! Ich wünsche dir Muße, Sachen stehen lassen zu können und den Wolken zuzuschauen. Ich wünsche dir Zeit zum Staunen, Entdecken, Beobachten statt Abarbeiten. Ich wünsche dir ein Schläfchen nach Herzenslust!

WOCHE SECHS

MIT KINDERAUGEN
DIE WELT BETRACHTEN ...
WEIL'S OFT GENUG ZU ERNST IST!

MITTWOCH

EINFACH SEIN

„Werdet wie die Kinder", hat Jesus gesagt (Matthäus 18,3). „Die Welt mit Kinderaugen sehen", wünschen sich Erwachsene.

Welche Wahrheit liegt in beiden Aussagen? Die Wahrheit ist: Kinder sind! Sie sind, wie sie sind. Sie lachen, reden, pupsen, rülpsen, reden, hauen, umarmen, küssen, gähnen … wann und was und wie oft sie wollen. Sie stressen sich nicht mit dem, was man halt so macht oder nicht macht. Sie überlegen nicht lange. Etikette, Attitüde, Erscheinungsbild – alles egal! Sie sind nicht angepasst an die Norm, an die Gesellschaft, an das strukturierte Erwachsenenleben. Sie ernten Wohlwollen, Akzeptanz, Augenzwinkern. Kindern kann man nichts übel nehmen (Behinderten und Demenzkranken übrigens auch nicht).

Wenn Jesus sagt, wir sollen werden wie die Kinder, dann meint er damit, dass wir sein dürfen. Aber er meint damit auch, dass wir Gott, dem Vater, blind vertrauen dürfen – wie ein Kind! Wenn ich manchmal Menschen aus der Schulzeit wiedertreffe, dann kann ich nicht glauben, was aus ihm/ihr geworden ist. „Kleider machen Leute" – das kann ich zum Beispiel über einen Mitschüler von damals sagen, der zu Schulzeiten immer nur schwarz getragen hat: schwarze dicke Schuhe, langer schwarzer Ledermantel, gefärbte schwarze Haare. Heute sehe ich ihn manchmal am Schalter in der Bank. Unfassbar, ihn dort mit Schlips und Kragen zu sehen!

Noch viel unglaublicher finde ich es, wie ein Beruf, Schicksalsschläge und das Leben selbst Menschen verändern können. Da sind die Klassenclowns von früher, die immer eine große Portion Humor und Leichtigkeit hatten, auf einmal bitterernste und knallharte Geschäftsleute. Da sind die Menschen, die durch ihren Beruf und ihre Arbeit mit Menschen so viele Enttäuschungen erlebt haben, dass sie frustrierte, verbitterte, ausgepowerte Leute geworden sind. Da sind die Männer, die im Krieg waren und die ihr Lachen im Irak gelassen haben. Alles Augenzwinkern aus Kindertagen ist wie weggeflogen.

Halt mal kurz inne. Mach die Augen zu. Erinnere dich an fröhliche, unbeschwerte Zeiten als Kind (oder auch an andere Phasen, wo es mal so richtig gut lief).

Was fällt dir als Erstes ein?

....

....

Augen auf. Willkommen im Heute. Wer bist du? Wie erlebt dein Umfeld dich? Deine Kollegen? Deine Familie? Deine Freunde? Deine Kinder?

Jetzt mal mit Augenzwinkern! Was würdest du gerne mal wieder tun und es entlockt dir ein Augenzwinkern, wenn du daran denkst? Ein Lächeln über dich selbst? Was soll dir in Zukunft ein Augenzwinkern entlocken? Etwas Witziges, was du bei dir trägst oder was in deiner Schreibtischschublade liegt? Etwas, was man einfach nicht macht, aber du machst es? Den Joghurt aus der Schale lecken? Die Musik laut aufdrehen? Beim Nachbarn klingeln und wegrennen? Zwei Tafeln Schokolade essen? Auf dem Bett rumspringen? Richtig laut rülpsen?

Tobe mit deinen Kindern und mach Quatsch! Klettere auf einen Baum. Spring verbotenerweise ins Bällebad. Oder nimm den Alltag nicht so schwer. Wenn dein Chef wieder eine nervige Aufgabe für dich hat, dann antworte doch einfach mal mit: „Ja, Chef, gerne!" Wo willst du öfter die Welt mit Kinderaugen sehen?

Mach es und genieße es! Einfach leben, einfach sein! Wir, deine Fastenkalender-Weggefährten, sind deine Fans! Wir zwinkern dir zu, und Gott tut es auch. Werde wie ein Kind! Jetzt wird vielleicht gerade überall in der Republik laut gepupst und gelacht und Nutella mit dem Löffel gegessen! Fantastisch! Wir zwinkern dir zu – und machen ein Selfie!

DONNERSTAG

ALLES BEOBACHTEN

Wir wohnen in einem Kurort, wie schon erwähnt. Inmitten der größten Klinik im Zentrum des Ortes ist ein Mehrgenerationenprojekt entstanden. Früher waren es die Wiese und der Hang, wo wir als Kinder Schlitten fuhren und wo auch schon mein Vater damals sich den Alltag mit Rodeln versüßte. Heute befindet sich neben dem großen Klinikum ein riesiger Abenteuerspielplatz mit Spielzonen für jedes Alter und rundherum sogar für die Älteren. Menschen im Alter von eins bis neunundneunzig können hier alles fröhlich nutzen. Die Leute kommen sogar aus 30 Kilometer Entfernung, weil es so ein gutes Konzept ist. Denn hier sollen Alt und Jung voneinander profitieren. Dabei ist Alt und Jung im klassischen Sinn gemeint, aber auch im Sinne der Klinik. Die Neuro-Reha-Klinik nennt viele sehr kranke Menschen ihre Patienten. Viele Menschen im Rollstuhl, oft mit Glatze, häufig mit einem transportablen Tropf, drehen ihre Runden auf dem vielfältigen Gelände. Das bunte Treiben der Kinder soll ihnen wieder Lust auf Leben machen. Sie sollen Leben und Fröhlichkeit schmecken und ganz normalen Alltag. Die Kinder sollen im ganz normalen Alltag merken, dass es nicht ungewöhnlich ist, wenn Menschen krank sind. Ihnen sollen Krankheit und Tod als zum Leben dazugehörig vorkommen.

Und das Konzept geht auf. Es ist eine wunderschöne Atmosphäre auf diesem Spielplatz. Alt und Jung gehen auf Entdeckungsreise. Überall gibt es Bänke und kleine Nischen, wo Eltern, Großeltern, Pädagogen oder andere Erwachsene sitzen und mitgebrachten Kaffee und Kuchen schmausen, während die Kleinen spielen, toben, entdecken, rennen, bauen, Seilbahn fahren, zum hundertsten Mal die Wasserpumpe nutzen usw. Es ist nicht schwer, die Mamas vom Kaffeetisch wegzulocken, um sie auf die Erwachsenengeräte, die Seilbahn oder die Bodentrampoline zu bringen. Während ein Kind lange und ausgiebig eine Raupe beobachtet und dabei die Zeit verliert, so beobachten die Erwachsenen die Kinder. Und die kranken Erwachsenen beobachten alles von ihrem Fenster, ihrem Rollstuhl oder der Bank aus. Ich frage mich oft, was an diesem Ort durch die Köpfe der Menschen geht …

Ich möchte dich heute einladen, mit Kinderaugen etwas zu beobachten. Was interessiert dich? Was lässt dich innehalten und den Alltag kurz anhalten? Von einer Bank aus Kinder beobachten? Vom Balkon oder Wohnzimmer die Vögel am Vogelhaus? Den Induktionsherd, der in weniger als einer Minute das Wasser zum Kochen bringt? Mit der Kamera einen kostbaren Moment einfangen? Mit dem Fernglas in die Natur hinausgehen? Ich lade dich ein, die Welt heute beobachtend mit Kinderaugen zu sehen!

FREITAG

SPIEL MIT MIR!

Wie sieht es aus mit dir und Spielen? Habt ihr früher als Familie gespielt? Magst du spielen? Sowohl mit Kindern als auch mit anderen, zum Beispiel Spieleabende? Bei uns zu Hause wurde früher nie als Familie gespielt, und so kämpfe ich mich ein Leben lang schon mit den Anfragen zu Spieleabenden ab. Fürs Spielen braucht man Muße. Ich bin so aufgewachsen, dass Spiele zu nichts führen und quasi uneffektiv sind. Lediglich „Psychospiele" haben mir immer gefallen, weil man da ja die anderen besser kennenlernt; sie sind also sehr effektiv! Mit den Jahren habe ich Spiele spielen neu entdeckt, und Spiele gehören absolut zu meinem Lebenskapitel „Muße – Zeiten"!

Ich möchte dich heute einladen, zu spielen – entweder in der Mittagspause oder abends mit jemand anderem. Oder du stellst einen Spieleabend auf die Beine oder du spielst mit deinem Kind, deiner Nichte oder jemandem, dem es guttun würde. Vielleicht will auch ein Kind auf dem Spielplatz auf der Schaukel angeschupst werden?

Kennst du die Talk-Box? Das ist eine Box voller Fragen, die man immer dabeihaben und mit der man jederzeit „spielen" kann. Man stellt den anderen Fragen, und manchmal müssen die anderen raten, was die jeweilige Person antworten wird, oder man antwortet selbst usw. Es gibt die Talk-Box für Paare, Freundinnen, Partygänger, Kaffeetanten, Familien usw.

Anmerkung: Die Talk-Boxen sind beim Neukirchener Verlag erhältlich![7]

SAMSTAG

WAS KINDER EBEN SO MACHEN – IN DER NASE BOHREN, RÜLPSEN UND PUPSEN

Nein! Hab ich das wirklich geschrieben?

Als ich konfirmiert wurde und die Frage aufkam, welchen Konfirmationsspruch man möchte, wollten die Jungs alle diesen: „Warum rülpset und furzet ihr nicht?" Der Pastor musste oft betonen, dass es sich hierbei um keinen Bibelvers handelte, sondern um ein (fälschlich zugeschriebenes) Zitat Luthers. Das war vermutlich das Einzige, was die Jungs sich vom Konfirmandenunterricht gemerkt haben.

Auch wenn Luther es so wohl nie aufgeschrieben hat, haben sich die Jungs etwas Gutes gemerkt. Es zeigt, dass die Sehnsucht, etwas zu tun, was für Kinder selbstverständlich ist, für Jung und Alt anziehend ist. Es liegt mir fern, einen neuen Knigge zu schreiben. Aber ich möchte schon dazu aufrufen, im übertragenen Sinne öfter mit Kinderaugen die Welt zu betrachten, auch in diesem Zusammenhang! Also authentisch zu sein, nicht unbedingt wirklich immer zu rülpsen und zu furzen, wenn einem danach ist! Sich nicht immer zu schämen, wenn einem etwas passiert, was man nicht so macht. Oder im Boden zu versinken, wenn einem etwas rausrutscht, was nicht der Umgangsform entspricht. Öfter mal mit den „Augen zuzwinkern", wenn jemand rülpst, pupst, in der Nase bohrt oder schnarcht. Das alles ist das Normalste von der Welt, und auch Superstars, Präsidenten und Topmanager machen das!

Einfach leben, einfach sein – und öfter mal ein kindliches Augenzwinkern zeigen!

PALMSONNTAG (START DER PASSIONSZEIT)

LASS DIE STINKESOCKEN STINKESOCKEN SEIN!

Heute ist Sonntag. Der letzte Sonntag vor Ostern. Wieder ein Tag zum Ruhen. Letzte Woche ging es um Muße. Bei dem Wort fahren wir jetzt immer sofort einen Gang runter, stimmt's? So auch heute. Wir wollen in dieser Woche den Fokus darauf setzen, das Leben mit Kinderaugen zu betrachten. Wie gut können Kinder Dinge liegen lassen! Spielen, alles unordentlich machen und einfach das Zimmer verlassen. Tagelang die gleichen Klamotten anziehen. Tagelang nicht duschen, sich nicht waschen, keine Zähne putzen. Wie gut können Kinder relaxed über etwas hinwegsehen.

Im Laufe der Jahre trainieren wir uns an bzw. wird uns antrainiert, was wirklich wichtig ist im Leben. Wir verlieren in vielem den natürlichen Instinkt. So verhält es sich auch mit den Stinkesocken. Als Kinder fanden wir es noch wichtiger, zur Mama zu rennen und uns einen Kuss abzuholen, als die Zeit dafür zu nutzen, unsere Socken zu wechseln – auch im übertragenen Sinne.

Wie oft müssten wir wie die Kinder mal fünf gerade sein lassen? Den Sonntag wirklich ruhen und keine Wäsche machen, keinen Fußboden saugen, keine Mails checken. Im Urlaub wirklich Urlaub machen und nicht ständig online sein. Lieber die Jeans noch ein viertes Mal anziehen, als zwischen Schulbrot zu schmieren und zur Arbeit zu flitzen noch schnell die Wäsche anzuschmeißen. Kinder können stundenlang so tun, als wäre etwas wirklich wichtig (zum Beispiel der Kaufmannsladen, das Mutter-Vater-Kind-Spiel oder so tun, als wäre wirklich heißer Tee in der Plastikteekanne, weshalb man pusten muss) – und wir tun es mit unwichtigen Dingen manchmal genauso.

Überlege doch mal, welche Dinge es in deinem Leben gibt, die eigentlich gar nicht so wichtig sind, die aber ganz viel Zeit, Kraft und viele Nerven kosten. Und überlege dann, ob du diese minimieren kannst. Das wäre doch mal was! Lass die Stinkesocke Stinkesocke sein!

....

....

....

Du hast Autofelgen polieren geschrieben? Jeden Tag durchsaugen? Alle zwei Minuten aufs Handy gucken? Erst an die frische Luft gehen, wenn alles ordentlich ist? Erst den Tisch abräumen, wenn sich jemand über die Reste erbarmt hat?

Ich ermutige dich, fünf gerade sein zu lassen! Lass die Stinkesocke Stinkesocke sein! Ab an die frische Luft! Genieße das Jetzt. Gott hat dir heute diesen freien Tag eingeräumt, nutze ihn! Jetzt!

MONTAG

WIE SPONTAN BIST DU?

Spontanität ist auch so eine Sache, die uns natürlich gegeben ist, aber im Laufe der Jahre abhandenkommt bzw. abtrainiert wird. Kinder haben eine Idee, und zack, setzen sie diese um. Sie springen auf, rennen los, agieren. Und wir Erwachsenen? Wir überlegen, wägen ab, machen Pro-und-Kontra-Listen, denken, beten, warten … Manchmal auch zu lange. Kinder springen ins kalte Wasser – nicht nur im Schwimmbad, auch im übertragenen Sinne. Und wir? Wir kämpfen oft mit Angst. Wo ist unsere Spontanität geblieben? Wo unser Gottvertrauen? Wo das blinde Vertrauen, dass schon alles gut werden wird? „Schritte wagen im Vertrauen auf einen guten Weg", singt Manfred Siebald. Gehen wir Schritte oder warten wir auf das Perfekte?

Gibt es einen Bereich oder ein Thema, an dem du hängst, wo es hakt? Gibt es da etwas, wo du mit

Kinderaugen sehen solltest? Wo du spontan sein könntest wie ein Kind? Beim Jobwechsel? Eine Aufgabe ab- oder zusagen? Beim Buchen des Urlaubs? Beim Kauf eines neuen Tisches?

....

....

....

Ich lade dich ein, folgendes Gebet zu sprechen:
Herr, du weißt, dass ich in dem oben genannten Bereich feststecke. Du weißt, wie schwer ich mich tue, einfach loszulegen. Ich bitte dich so sehr um ein Zeichen, aber es kommt nichts … Ich möchte dir diesen Bereich nun einfach in deine Hände legen und dich bitten, dass du mein Herz und mein Gewissen mit deinem Heiligen Geist prägst. Ich werde jetzt einfach eine Entscheidung treffen und dich von Herzen bitten, dass du mir Frieden darüber gibst! Ich bitte dich, dass du Spontanität in mir freisetzt. Ich bitte dich, dass du mich blind vertrauen lässt, wie ein Kind seinen Eltern vertraut. Ich will dir vertrauen. Danke, dass ich dein Kind bin. Amen.

Auf die Zukunft, fertig, los!

DIENSTAG

KAKAO MIT VIEL KAKAOPULVER

Ihr Lieben, langsam müsstet ihr mich kennen! Auch das ist im übertragenen Sinn gemeint. Ich finde es immer wieder urkomisch, wenn ich Kinder dabei beobachte, wie sie ihr Essen und Trinken in einem unbeobachteten Moment ein wenig aufpimpen! Mama guckt weg, zack, ein Löffel Kakaopulver mehr in der Tasse. Doof nur, wenn die Hälfte danebengeht …

Kannst du dich erinnern, was du früher als Kind aufgebessert hast? Ich weiß, dass ich zwar das Müsli am Morgen echt lecker fand und auch die Arbeit meiner Mutter irgendwann zu schätzen wusste, dafür jeden Morgen Korn frisch einzulegen, aber mir war das Müsli nicht süß genug! Ich probierte alles, um es zu verfeinern, und gefühlt bekam ich jeden Morgen Ärger – nicht weil ich Zucker oder Honig nahm, sondern weil meine Eltern es total daneben fanden, wenn wir etwas heimlich taten. Wir wuchsen auch mit einem freien Zugang zum Süßigkeitenschrank und zur Eistruhe auf – mit dem Resultat, dass beides für uns nichts Besonderes war und wir einfach nicht drangingen. Eine sehr gute Erziehungsmethode, die aber leider nicht immer funktioniert!

Heute ist der letzte Tag, an dem wir versuchen, die Welt mit Kinderaugen zu betrachten. Nein, das stimmt so nicht. Eigentlich sollten wir alles immer mit Kinderaugen betrachten, genauso mit Herzenslust, Dankbarkeit usw. Aber ab morgen widmen wir uns intensiver einer anderen Einstellung! Deshalb lass uns heute noch mal richtig kinderaugenmäßig sein! Was hättest du früher gerne süßer oder schöner gehabt? Oder gab es etwas, was du geliebt hast und alles dafür getan hast, dass du mehr davon bekommen hast? Heute bist du erwachsen und weißt selbst, was gut und gesund für dich ist. Dennoch: Trink heute mal deinen Kakao mit einer ordentlichen Portion extra Kakao! Gönn dir was! Eine dritte Kugel Eis, noch einen zweiten Joghurt, ein zweites Stück Kuchen, noch mal 10 Cent für den Kaugummiautomaten, heute keine Cola light, heute die richtige!

Was auch immer es ist, genieß es! Mit Dankbarkeit und Herzenslust! Ich lach mich kaputt bei dem Gedanken, wie du heute zehnmal zum Kiosk rennst, um dir immer wieder einen Riegel zu kaufen. Egal! Do it. Heute ist dein Tag! Mit Kinderaugen die (Süßigkeiten-)Welt betrachten und mal so richtig viel Kakaopulver reinhauen! Deine Fastenkalender-Gemeinschaft stößt mit dir in Gedanken an!

WOCHE SIEBEN

MIT QUERDENKEN ...
WEIL'S „EINFACH" NICHT
SO SPANNEND IST!

MITTWOCH

DENK ANDERS ALS DER MAINSTREAM!

Einfach ist es, „mainstream" zu sein, mit dem Strom zu schwimmen. Das zu tun, was alle tun. So zu sein und zu denken, wie es alle tun. Das anzuziehen und zu unternehmen und zu besitzen wie alle anderen.

Christen haben es bei Jesus als Vorbild mit einem „Querdenker" zu tun. Er handelt immer anders, als die Leute es erwarten. Denken wir an die Geschichte mit der Frau, die fremdgegangen ist. Was macht Jesus? Er stempelt sie nicht ab. Er verurteilt sie nicht, wie alle um sie herum es taten. Er reagiert „quer" und fragt die anderen: „Seid ihr ohne Sünde? Dann werft einen Stein!" (vgl. Johannes 8,3-11).

Wir sollten in jedem Bereich, mit jedem Thema so umgehen, wie Jesus es tut: bei sich selbst anfangen! Was gibt es gerade in deinem Umfeld, auf der Arbeit, in der Familie, Nachbarschaft, in deinem Herzen für ein Thema, wo du Jesus-like „querdenken" solltest? Wartest du vielleicht auf eine Entschuldigung oder meidest du schon lange den Kontakt zu jemandem? Hey, mach es wie Jesus, denk anders als der Mainstream! Geh auf die Person zu und rede ganz normal mit ihr. Mach den ersten Schritt und vergebe! Siebzigmal siebenmal! Das ist nicht gang und gäbe in unserer Gesellschaft, aber bei Jesus!

Wir sind nun schon so viele Tage miteinander auf dem Weg und so viele Menschen mit dir. Alle haben wir Jesus als Vorbild. Falls nur fünf Leute diesen Fastenkalender täglich lesen (ich glaube, es sind weitaus mehr!), dann gibt es fünf Querdenker in Deutschland. Du bist dabei!

GRÜNDONNERSTAG

QUER-LEBEN

Der letzte Tag vor der Kreuzigung Jesu. Jesus wird an diesem Tag im Garten Gethsemane von Judas verraten und an die römischen Soldaten ausgeliefert. Doch zuvor sitzen Jesus und die Jünger zusammen, um das traditionelle Abendessen vor dem jüdischen Passahfest zu halten. Jesus bricht das Brot und spricht: „Dies ist mein Leib." Er teilt den Wein und sagt: „Dies ist mein Blut des Bundes." Und er gibt seinen Freunden den Auftrag, das auch in Zukunft zu tun, ohne ihn: „Tut dies zu meinem Gedächtnis!" Die letzte gemeinsame Brotzeit wird zum ersten Abendmahl.

Und so feiern katholische und evangelische Christen bis heute Eucharistie und Abendmahl. Der Gründonnerstag ist also ein Abend, der mit Gemeinschaft und Erinnerung verbunden ist, doch zugleich ist er schon von Abschied und Schmerz geprägt. Er bildet den Auftakt zu den Kartagen. Angst und Verrat folgen in der Nacht im Garten Gethsemane. Jesus betet im Garten: „Mein Vater, wenn es möglich ist, erspare es mir, diesen Kelch trinken zu müssen! Aber es soll geschehen, was du willst, nicht was ich will." Und dann geschieht schließlich, was vorausgesagt war: Judas verrät Jesus mit einem Kuss.

In vielen Kirchen läuten am Abend des Gründonnerstags zum letzten Mal die Glocken, bevor sie dann als Zeichen der Trauer bis zur Osternacht schweigen. An ihrer Stelle ertönen Ratschen aus Holz. In katholischen Gemeinden wird der Tabernakel geöffnet und geleert, um zu zeigen, dass Jesus fehlt. Außerdem wird vielerorts das

Kreuz verhängt. Der Name „Gründonnerstag" kommt vermutlich von dem mittelhochdeutschen Wort gronan („greinen, weinen"). Früher wurden die wegen ihrer Verfehlungen vom Gottesdienst Ausgeschlossenen (die Weinenden) am Donnerstag vor Ostern wieder aufgenommen.

Jesus hat an seinem letzten Abend auf Erden nicht geheilt, nicht gepredigt, nicht getauft, keine Wunder getan, nicht missioniert! Er hat gegessen und Gemeinschaft gepflegt! Das ist Quer-Denken, Quer-Leben! Das hätten viele anders gemacht!

Es gibt viele Zeiten im Leben, wo wir kostbare Momente mit wertvollen Menschen verpassen, weil wir nicht Gemeinschaft pflegen, sondern Aktivismus. Vor lauter Ehrenämter haben wir manchmal keine Zeit für spontane Nachbarschaftsgespräche an der Straße oder Besuche eines kranken Menschen. Vor lauter Aktivismus nehmen wir nicht wahr, was wichtig ist. Vor lauter Vorbereiten für den Hauskreis, Kochen und Backen von Salaten und Kuchen für Gemeindefeste und dem Erledigen des Putzdienstes merken wir nicht, dass die eigenen Kinder eigentlich schon lange mal wieder mit uns allein Zeit haben wollen. Anstatt die Oma zu besuchen, shoppen wir lieber. Quer-Denker und Quer-Leber brauchen wir auch in Gemeinden. Auf, auf! Mach es wie Jesus. Mehr essen und sitzen als putzen und schwitzen!

Kommt rein. Teilt das Brot. Teilt Wasser und Wein. Esst miteinander. Stillt den Durst. Redet miteinander. Schaut euch an. Hört euch zu. Steht euch bei. Reicht euch die Hände. Vergebt euch. Zusammen seid ihr hier. Gemeinsam lebt ihr hier. Teilt das Leben. Teilt das Brot. Kommt rein.
Kirsten Westhuis[8]

Setz dich doch heute mal mit deinen Kindern hin (oder mit deinem Partner oder mit Freunden oder alleine mit Gott) und verfasse ein neues Tischgebet. Ein Gebet oder Lied oder Rap, der aus Gemeinschaft entstanden ist und in Zukunft Gemeinschaft fördern wird – aus dem Passionsprozess von Gründonnerstag heraus!

KARFREITAG

DURCH SCHWEIGEN ERINNERN

Ich habe vergangenes Ostern in Selbitz bei einer evangelischen Kommunität von über 100 Schwestern verbracht. Selten habe ich Ostern so bewusst wahrgenommen. Am Donnerstag haben wir gemeinsam das Passahmahl gefeiert. Karfreitag wurden alle Altäre abgeräumt, es wurde geschwiegen und die Schwestern zogen ihre schwarze Tracht an. Das war sehr eindrücklich. Es wurde mir in diesen Tagen sehr deutlich, wie Tod und Auferstehung zusammengehören. Die Schlichtheit dieses Tages wurde mir sehr bewusst. Deshalb möchte ich heute keine großen Worte machen, sondern den Karfreitagstext für sich sprechen lassen:

Jesus wird an die Römer ausgeliefert

Nun erhoben sich die Mitglieder des Hohen Rates und ließen Jesus zum römischen Statthalter Pilatus bringen. Dort beschuldigten sie ihn: „Dieser Mensch hetzt unser Volk auf. Er redet den Leuten ein, dass sie dem Kaiser keine Steuern zahlen sollen. Und er behauptet von sich, er sei der Christus, ein König, den Gott geschickt hat."

„Stimmt das?", fragte Pilatus den Angeklagten. „Bist du wirklich der König der Juden?" Jesus antwortete: „Ja, du sagst es!" Pilatus erklärte den Hohenpriestern und der ganzen Volksmenge: „Dieser Mann ist doch kein Verbrecher!" Aber sie widersprachen heftig: „In ganz Judäa hetzt er die Menschen durch seine Lehre auf. Schon in Galiläa hat er damit angefangen, und nun ist er bis hierher nach Jerusalem gekommen!"

Jesus wird von Herodes verhört

Pilatus fragte: „Ist der Mann denn aus Galiläa?" Als sie es bestätigten, befahl er, Jesus zu König Herodes zu bringen, der die Provinz Galiläa regierte und sich während des Passahfestes auch in Jerusalem aufhielt. Herodes freute sich, Jesus zu sehen. Er wollte ihn schon lange kennenlernen. Denn er hatte viel von ihm gehört und hoffte, Jesus würde ihm ein Wunder vorführen. Der König stellte Frage um Frage, aber Jesus gab ihm keine einzige Antwort. Umso mehr redeten die Hohenpriester und Schriftgelehrten, die mitgekommen waren und ihn immer heftiger beschuldigten. Auch Herodes und seine Soldaten ließen Jesus ihre Verachtung spüren und verspotteten ihn. Sie hängten ihm einen Königsmantel um und schickten ihn wieder zu Pilatus. Herodes und Pilatus waren vorher erbitterte Feinde gewesen. Aber an diesem Tag wurden sie Freunde.

Das Todesurteil

Vor den Hohenpriestern, den führenden Männern des Volkes und der versammelten Menge verkündete Pilatus: „Ihr habt diesen Mann zu mir gebracht und ihn beschuldigt, dass er die Menschen aufhetzt. Ich habe ihn vor euch verhört und bin zu dem Urteil gekommen: Dieser Mann ist unschuldig! Herodes ist derselben Meinung. Deswegen hat er ihn hierher zurückgeschickt. Der Angeklagte hat nichts getan, was mit dem Tod bestraft werden müsste. Ich werde ihn auspeitschen lassen, dann soll er frei sein." Pilatus begnadigte ohnehin in jedem Jahr am Passahfest einen Gefangenen. Da brach ein Sturm der Entrüstung los. Wie aus einem Munde schrie das Volk: „Weg mit diesem Jesus! Lass Barabbas frei!" Barabbas saß im Gefängnis, weil er sich an einem Aufstand in Jerusalem beteiligt hatte und wegen Mordes angeklagt war. Noch einmal versuchte Pilatus, die Menge zu überzeugen; denn er wollte Jesus gern freilassen. Aber sie schrien nur noch lauter: „Ans Kreuz mit ihm, ans Kreuz!" Pilatus versuchte es zum dritten Mal: „Was für ein Verbrechen hat er denn begangen? Ich finde nichts, worauf die Todesstrafe steht! Ich werde ihn also auspeitschen lassen. Dann soll er frei sein." Aber die aufgehetzte Menge brüllte immer lauter: „Kreuzige ihn!", bis Pilatus ihrem Schreien nachgab und ihre Forderung erfüllte. Barabbas ließ er frei, den Mann, der das Volk aufgehetzt hatte und wegen Mordes angeklagt war. Jesus aber verurteilte er zum Tod am Kreuz, wie sie es gefordert hatten.

Auf dem Weg zur Hinrichtung

Auf dem Weg zur Hinrichtungsstätte begegnete ihnen Simon, der gerade vom Feld kam. Er stammte aus Kyrene in Nordafrika. Ihn zwangen sie, mitzugehen und für Jesus das Kreuz zu tragen. Unzählige Menschen folgten Jesus auf dem Weg zur Hinrichtung. In der Menge waren viele Frauen, die laut klagten und um Jesus weinten. Ihnen rief Jesus zu: „Weint nicht über mich, ihr Frauen von Jerusalem! Weint über euch und eure Kinder! Die Zeit wird kommen, in der man sagt: ‚Glücklich sind die Frauen, die keine Kinder bekommen können. Ja, freuen können sich alle, die niemals ein Kind geboren und gestillt haben!' Die Menschen werden sich danach sehnen, dass die Berge über ihnen zusammenstürzen und die Hügel auf sie fallen, damit ihr Leid ein Ende hat. Wenn schon das grüne Holz Feuer fängt, wie schnell brennt dann das trockene Holz lichterloh!"

Die Kreuzigung

Mit Jesus wurden zwei Verbrecher vor die Stadt geführt zu der Stelle, die man „Schädelstätte" nennt. Dort wurde Jesus ans Kreuz genagelt und mit ihm die beiden Verbrecher, der eine rechts, der andere links von ihm. Jesus betete: „Vater, vergib ihnen, denn sie wissen nicht, was sie tun!" Unter dem Kreuz verlosten die Soldaten seine Kleider untereinander. Neugierig stand die Menge dabei. Und die führenden Männer des Volkes verhöhnten Jesus: „Anderen hat er geholfen! Wenn er wirklich Christus, der von Gott gesandte Befreier, ist, dann soll er sich jetzt doch selber helfen!" Auch die Soldaten verspotteten ihn. Sie gaben ihm Essig zu trinken und riefen ihm zu: „Wenn du der König der Juden bist, dann rette dich doch selbst!" Oben am Kreuz brachten sie ein Schild an. Damit jeder es lesen konnte, stand dort auf Griechisch, Hebräisch und Lateinisch: „Dies ist der König der Juden!" Auch einer der Verbrecher, die mit ihm gekreuzigt worden waren, lästerte: „Bist du nun der Christus? Dann hilf dir selbst und uns!" Aber der am anderen Kreuz wies ihn zurecht: „Fürchtest du Gott nicht einmal jetzt, kurz vor dem Tod? Wir werden hier zu Recht bestraft. Wir haben den Tod verdient. Der hier aber ist unschuldig; er hat nichts Böses getan." Zu Jesus sagte er: „Denk an mich, wenn du in dein Königreich kommst!" Da antwortete ihm Jesus: „Ich versichere dir: Noch heute wirst du mit mir im Paradies sein."

Jesus stirbt am Kreuz

Am Mittag wurde es plötzlich im ganzen Land dunkel. Diese Finsternis dauerte drei Stunden. Dann zerriss im Tempel der Vorhang vor dem Allerheiligsten von oben bis unten. Jesus schrie noch einmal laut auf: „Vater, in deine Hände gebe ich meinen Geist!" Dann starb er. Der römische Hauptmann, der die Hinrichtung beaufsichtigt hatte, lobte Gott und sagte: „Dieser Mann war wirklich unschuldig!" Betroffen kehrten die Menschen, die ein Schauspiel erleben wollten, in die Stadt zurück. Die Freunde Jesu und die Frauen, die mit ihm aus Galiläa gekommen waren, hatten aus einiger Entfernung alles mitangesehen.

Jesus wird begraben

Josef, ein Mann aus Arimathäa, einer Stadt in Judäa, ging zu Pilatus und bat ihn, den toten Jesus begraben zu dürfen. Er war Mitglied des Hohen Rates und ein guter Mensch, der nach Gottes Willen lebte und auf das Kommen der neuen Welt Gottes wartete. Er hatte nicht zugestimmt, als der Hohe Rat Jesus zum Tode verurteilt hatte. Er nahm Jesus vom Kreuz, wickelte den Toten in ein feines Leinentuch und legte ihn in ein neu angelegtes Grab, das in einen Felsen gehauen war. Das alles geschah am späten Freitagnachmittag, unmittelbar vor Beginn des Sabbats. Mit Josef gingen auch die Frauen, die Jesus aus Galiläa gefolgt waren. Sie sahen zu, wie man den Toten in das Grab legte. Dann kehrten sie in die Stadt zurück, um dort wohlriechende Öle und Salben für die Einbalsamierung vorzubereiten. Am Sabbat ruhten sie aus, wie es das jüdische Gesetz verlangt (Lukas 23,1-56).

Ich lade dich ein, innezuhalten. Vielleicht kannst du heute eine bewusste Zeit des Schweigens haben? Vielleicht hilft dir ein Symbol wie ein schwarzes Tuch, was du über ein Kreuz oder eine Kerze legst? Oder du besuchst den Friedhof und gedenkst Jesus, der getötet wurde – und viele andere!

OSTERSAMSTAG

IN GUTEN WIE IN SCHLECHTEN ZEITEN

Wir haben eine neue Kaffeemaschine. Eine gute! Eine, die man heutzutage hat. Ich habe mir zehn Mal erklären lassen, wie sie funktioniert. Dennoch kapiere ich es nicht. Ein Espresso, ein Cappuccino und ein normaler Kaffee landen heute hintereinander in meiner großen Tasse statt eines Cappuccinos mit Milchschaum in einer kleinen, stilgetreuen Tasse … Um das alles zu retten, drücke ich die Milchschaumtaste und lasse auf mein Dreierlei noch ordentlich Milchschaum fließen. Anschließend gieße ich Amarettosirup obendrauf.

Wie das Ergebnis war? Es war der leckerste Kaffee, den unsere tolle neue Maschine je gemacht hat. Aus den drei Kaffeepleiten wurde ein großartiger Kaffeetraum.

„Gott schreibt auf krummen Wegen gerade." Ist das quergedacht, quergelebt?

Mich faszinieren immer wieder Menschen, die anders sind und/oder reagieren als die Norm. Wie oft hat es mich fasziniert, eine Person zu treffen, die nicht eifersüchtig war, wenn ich es in der Situation gewesen wäre. Unzählige Male war ich beschämt und fasziniert zugleich, wenn ich aus dem Leben eines Menschen hörte, der nach Leid und Not nicht mit Gott haderte, sondern das Erlebte vertrauensvoll auf das Konto „Gottvertrauen in guten wie in schlechten Zeiten" verbuchte. Faszinierend! Das ist Querdenken und Querleben für mich!

Es gab eine Zeit in meinem Leben, da konnte ich nicht mehr glauben. Ich wollte, aber ich konnte nicht. Viele Fragen und Zweifel plagten mich. Ich haderte mit dem Bibelvers „Wer bittet, der bekommt" (Matthäus 7,8). Ich las unzählige Male die Psalmen und das Buch Hiob. Eines Tages brachte mir eine Freundin die Lieder und die Biografie von Paul Gerhardt näher. Was hat dieser Mann an Schlimmem erlebt! Und dennoch: Er glaubte, er vertraute Gottes guten Wegen. Er war sich gewiss, Gott ist da – in Freud und Leid. Trotz seiner Schicksalsschläge schrieb Paul Gerhardt Lieder wie dieses:

> *Befiehl du deine Wege*
> *und was dein Herze kränkt*
> *der allertreusten Pflege*
> *des, der den Himmel lenkt.*
> *Der Wolken, Luft und Winden*
> *gibt Wege, Lauf und Bahn,*
> *der wird auch Wege finden,*
> *da dein Fuß gehen kann.*

Dem Herren musst du trauen,
wenn dir's soll wohlergehn;
auf sein Werk musst du schauen,
wenn dein Werk soll bestehn.
Mit Sorgen und mit Grämen
und mit selbsteigner Pein
lässt Gott sich gar nichts nehmen,
es muss erbeten sein.

Weg hast du allerwegen,
an Mitteln fehlt dir's nicht;
dein Tun ist lauter Segen,
dein Gang ist lauter Licht;
dein Werk kann niemand hindern,
dein Arbeit darf nicht ruhn,
wenn du, was deinen Kindern
ersprießlich ist, willst tun.

Hoff, o du arme Seele,
hoff und sei unverzagt!
Gott wird dich aus der Höhle,
da dich der Kummer plagt,
mit großen Gnaden rücken;
erwarte nur die Zeit,
so wirst du schon erblicken
die Sonn der schönsten Freud.

Auf, auf, gib deinem Schmerze
und Sorgen gute Nacht,
lass fahren, was das Herze
betrübt und traurig macht;
bist du doch nicht Regente,

> *der alles führen soll,*
> *Gott sitzt im Regimente*
> *und führet alles wohl.*
> Paul Gerhardt[9]

Da hat Paul Gerhard endlich mit 48 Jahren geheiratet, seine Frau bekommt vier Kinder – und drei seiner Kinder sterben alsbald. Nach 14 Jahren Ehe stirbt seine Frau. So ein kurzes Glück! Dennoch schrieb er Lieder wie dieses. Unglaublich! Ein Querdenker! Was für ein Mann Gottes! Paul Gerhardt hat immer wieder Karfreitag und Ostersonntag in einem erlebt.

Oft habe ich mich gefragt, wieso es denn noch den Ostersamstag gibt. Da passiert ja nichts! Der Samstag dazwischen, wo nichts passiert, ist die Zwischenzeit. Aushalten, dass noch nichts passiert. Gott bereitet das große Ereignis vor. Karsamstag können wir beispielhaft für die Zeiten in unserem Leben nehmen, wo etwas gestorben ist, aber etwas Neues noch nicht geworden ist. Paul Gerhardt, Hiob und viele andere sind vorbildliche Personen darin, Karfreitag zu erleben und mit Karsamstag vertrauensvoll abzuwarten und auszuhalten, dass Gott etwas Gutes vorbereitet, eine Auferstehung, ein Fest, eine positive Veränderung, eine Erlösung!

OSTERSONNTAG

LEBENSEINSTELLUNGEN MIT LANGZEITWIRKUNG

Ostern. Ostersonntag. Auferstehungsfest! Vom Tod zum Leben! Von der Raupe zum Schmetterling! Spürst du Veränderungen in deinem Denken? Im Herzen? Im Leben? „Veränderungen machen uns sensibler und dünnhäutiger. So helfen sie uns, die Bedeutung von Ostern und Passion intensiver zu empfinden!"[10] So heißt es im Fastenbrief des Vereins „Andere Zeiten". Hast du die Fasten- und Passionszeit und Ostern intensiv erlebt? Hat dieses Buch dir dazu dienen können? Ist Gott dir begegnet? Hast du dich verbunden gefühlt mit all denen, die mit dir unterwegs waren, sieben Wochen mit großartigen Kleinigkeiten zu leben?

Um dem Ganzen einen Knoten zu machen und dem Anfang ein Ende zu setzen, schreib doch für dich persönlich auf, was dir diese sieben Wochen bedeutet haben.

Hat dich die Auferstehungsfreude motiviert, auch in Zukunft mit Detailblick, Optimismus, Ermutigung, Leckereien, Herzenslust, Augenzwinkern, Querdenken durchs Leben zu gehen?

....

....

....

....

Ich möchte dich von Herzen einladen, das Gebet von Jesus zu beten. Heute tun das Millionen Menschen überall auf der Welt, ganz besonders aber auch deine Fastenkalender-Freunde! Jesus vereint darin alle Bitten und allen Dank, alle Hoffnung, Sehnsüchte und Nöte. Nimm dir Zeit, dieses Gebet bewusst zu sprechen, in dem Wissen, dass sieben intensive Wochen hinter uns liegen, und in dem Wissen, dass Jesus all die Entscheidungen und Vorhaben, die du getroffen hast, in dir festigen wird!

Vater unser im Himmel.
Geheiligt werde dein Name.
Dein Reich komme.
Dein Wille geschehe, wie im Himmel, so auf Erden.
Unser tägliches Brot gib uns heute.
Und vergib uns unsere Schuld,
wie auch wir vergeben unsern Schuldigern.
Und führe uns nicht in Versuchung,
sondern erlöse uns von dem Bösen.
Denn dein ist das Reich und die Kraft
und die Herrlichkeit in Ewigkeit. Amen.[11]

Von Herzen wünsche ich dir, dass diese sieben „Lebenseinstellungen" sich innerlich und äußerlich immer wieder bemerkbar machen. Ich hoffe (und bete auch ab und an), dass Gott uns immer wieder anstupst, um uns daran zu erinnern. Was auch kommen mag, mögest du viele Momente zum Staunen und Dankbarsein haben und darin reich gesegnet sein. Happy new year! Genieß den Frühling. Hab eine Zukunft mit vielen göttlichen Überraschungen! Ich lächle dir zu und habe mich gefreut, mit dir sieben intensive Wochen verbringen zu dürfen.

QUELLENVERZEICHNIS

[1] aus: Christina Brudereck: Mutanfall. Gedichte zum Glauben. © 2006 SCM-Verlag GmbH & Co. KG, Witten.

[2] Oliver Hechtenberg: Ermutigungspädagogik; in: http://www.ermutigungspaedagogik.de/category/ermutigungspadagogik/, Zugriff am 29.04.2015 (leicht veränderter Text).

[3] Vgl. hier und im Folgenden: Gary Chapman: Die fünf Sprachen der Liebe. Wie Kommunikation gelingt. Verlag der Francke-Buchhandlung, Marburg 2003.

[4] James Krüss: Märzküsse; in: ders.: Der wohltemperierte Leierkasten. © 1989 cbj Verlag München, in der Verlagsgruppe Random House GmbH.

[5] Kirsten Westhuis, in „wandeln – Mein Fasten-Wegweiser" 2015. Hamburg: Andere Zeiten e. V., www.anderezeiten.de.

[6] Hanns Dieter Hüsch: Ich bin vergnügt, erlöst, befreit; in: ders./Uwe Seidel: Ich stehe unter Gottes Schutz, S. 140, 2014/13. © tvd-Verlag, Düsseldorf, 1996.

[7] Bisher sind neun Talk-Boxen vom Neukirchener Verlag erschienen. Unter www.neukirchener-verlage.de findest du weitere Informationen.

[8] Kirsten Westhuis, in: „wandeln – Mein Fasten-Wegweiser"2015. Hamburg: Andere Zeiten e. V., www.anderezeiten.de.

[9] Paul Gerhardt: Befiehl du deine Wege. Strophen 1, 2, 4, 6, 7. Evangelisches Gesangbuch, Nr. 361.

[10] Fastenbrief 2015. Woche 1. Andere Zeiten e. V., Hamburg 2015.

[11] Evangelisches Gesangbuch, Nr. 861.

neukirchener aussaat

Leben aus dem Einen!

LChoice App kostenlos laden, dann Code scannen und ganz einfach beim Buchhändler Ihrer Wahl bestellen

Ehrliche Gebete voller Lebenskraft

Diese Gebete von Christina Brudereck sprechen Frauen aus dem Herzen. Sie handeln von Themen und Situationen, die Frauen betreffen und bewegen. Durchgehend farbig und hochwertig gestaltet.

Christina Brudereck
Worte meines Herzens
Gebete für Frauen
gebunden, mit Lesebändchen, 128 Seiten, ISBN 978-3-7615-6190-4